Professionelle Typografie und Layout am Bildschirm 1

Ein fundierter Lehrgang, der Freude bereitet.

D1663472

EDITION OCTOPUS

Peter Lüthi, »Professionelle Typografie und Layout am Bildschirm«
© 2012 der vorliegenden Ausgabe: Edition Octopus im Verlagshaus
Monsenstein und Vannerdat OHG Münster. www.edition-octopus.de
© 2012 Peter Lüthi
Alle Rechte vorbehalten
Satz und Layout: Peter Lüthi
Druck und Einband: MV-Verlag

ISBN 978-3-86991-433-6

Verzeichnis

Warum und wie?

Typografie und Layout folgen, wie Mode und Autodesign, immer kürzer werdenden Trends.

Ungeachtet aller Saison-Ästhetik haben sich Gesetzmässigkeiten der Satzgestaltung und der Komposition bewährt und erhalten. Sie zu vermitteln ist das Ziel dieses Lehrgangs.

«Typografie und Layout» richtet sich an den interessierten Amateur, der sich am Arbeitsplatz oder zu Hause mit typografischer Gestaltung befassen möchte.

Peter Lüthi

Schriftarten

Die wichtigsten Schriftarten sind :

Antiqua und Grotesk
Mischformen Antiqua/Grotesk
Pinsel-und Schreibschriften
Fraktur und Kanzleischrift
Exotenschriften

Schriftgrösse bestimmen

Antiqua und Grotesk

01.2

Die Antiqua erkennt man an den unterschiedlichen Strichdicken der Vertikalen und Horizontalen sowie an den Serifen.○
Sie stammen vom Meissel, mit dem die römischen Kapitalissteinschrift gehauen wurde und vom breiten Federkiel, mit welchem die Mönche auf Pergament schrieben.

Die Grotesk hat keine Serifen. Ihre Strichdicke bleibt konstant. Sie ist keine geschriebene, sondern eine gezeichnete Schrift.

Antiqua und Grotesk sind die am meisten verwendeten Schriften.

4

Antiqua

Grotesk

Mischformen

01.3

Mischformen aus Antiqua und Grotesk zeigen die unterschiedlichen Strichdicken von Vertikalen und Horizontalen der Antiqua. Die Serifen der Antiqua sind :

○ verkümmert (Optima)
○ weggelassen (Gill)
○ verdickt (Egyptienne-Arten)

Alle Mischformen aus Antiqua und Grotesk sind gezeichnete Schriften.

Optima

GillSans

Bernard-Egyptienne

Rockwell-Egyptienne

Schreibschriften

01.4

Eine weitere Schriftart sind:

Blockschriften (Comic)
Pinselschriften (Dakota)
Schreibschriften (Edwardian)

Sie sind mit schmalem oder mit breitem Stift/Pinsel sowie mit der Breitfeder charaktervoll oder diszipliniert geschrieben (= englische Schreibschrift). Danach sind sie zum Teil zeichnerisch perfektioniert.

Schreibschriften setzt man für einzelne Wörter ein.
Lauftext in Schreibschrift ist oft schwierig zu lesen.

Comic

Dakota

Brush Script

Edwardian

Fraktur/Schwabacher

01.5

Die Fraktur (= die Gebrochene) ist ursprünglich die Federkiel-Schrift der Gotik.
Johannes Gutenberg druckte um 1450 die erste Bibel mit beweglichen Frakturlettern aus einer Metalllegierung.

Die später verwendete, breitere Fraktur heisst Schwabacher.
Die nachfolgende Kanzleischrift wurde mit der Breitfeder für amtliche Dokumente geschrieben.

Alle drei Schriften werden heute für Urkunden, Zeitungstitel und zur Gestaltung von Traditionslogos verwendet.

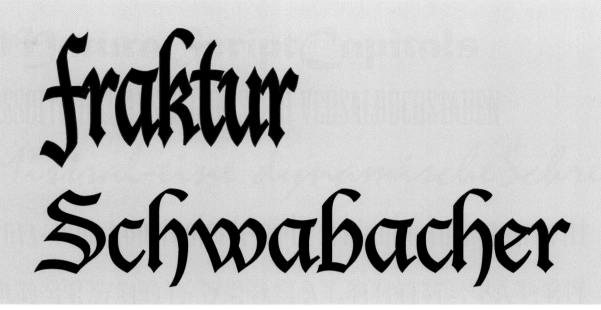

Exotenschriften

01.6

Exoten unter den Schriften verwendet man vorwiegend als Titel. Als Lauftextschriften sind die wenigsten geeignet.

Hier ein Beispiel, wie Curiz Regular in 16Pt Lauftext aussehen würde. Extravagante Schriften sind für kurze Titel attraktiv, aber für grössere Textmengen nur sehr schwer lesbar.

DIESE ECCENTRC REGULAR GIBT ES NUR IN VERSALEN. EIN WEITERER GRUND, DER DIESE ALS TITEL WILLKOMMENE, EXZENTRISCHE SCHRIFT FÜR MENGENTEXT UNGEEIGNET MACHT.

Im Gegensatz dazu ist diese American Typewriter als Lauftext und auch als Titelschrift sehr gut geeignet.

American Typewriter Regular
American Typewriter Condensed
Apple Casual Regular
Blackoak Regular
Cooper Black Regular
COOPERPLATE BOLD
Cracket Regular
Curiz Regular
DESDEMONA REGULAR
ECCENTRC STD REGULAR
Fortuna Regular
HERCULANUM REGULAR
Hobo Std Medium

Exotenschriften

01.7

Viele Exotenschriften existieren nur als Versalien.
Sie eignen sich für kurze Titel von starker Eigenwilligkeit.

Matura Script Capitals

MESQITO HAT AUSSCHLIESSLICH VERSALBUCHSTABEN

Mistral-eine dynamische Schrei

Onyx- eine konstruierte, sehr schlanke Antiquaschrift

ROSEWOOD-VERSALBUCHSTABEN

ORATOR SLANTED VERSALIEN

STENCIL VERSALBUCHSTABEN

TRAJAN-VERSAL KLASSISCH

zapfino extravagante Schrei

9

Schriftgrösse

01.8

Die Schriftgrösse wird meist in
Punkt angegeben.
Wie gross ist ein Punkt?

12 Punkt = 1 Cicero
1 Cicero = 4,5 mm
4,5 mm : 12 = 0,375 mm

1 Punkt = 0,375 mm

Ein Beispiel:
Eine 10 Pt-Schrift misst mit
Ober- und Unterlängen 3,75 mm.

Die Skalierung in Punkt hat sich
über Jahrhunderte bis in unser
Computerzeitalter erhalten.

Die Mehrzahl von Punkt heisst
Punkt, nicht Punkte.

Totalhöhe des
Buchstabens mit
Ober- und
Unterlängen

Entwicklung der Schrift

01.9

Linke Spalte

Kapitalis, Rom, 1. Jahrhundert
Steinmeissel, nur Majuskeln

Uncial , Ravenna, 8. Jahrhundert
Federkiel, nur Majuskeln

Halbuncial , England,10. Jahrhundert
Federkiel, Minuskeln und Majuskeln

Übergang zuTextur, 12. Jahrhundert,
Federkiel, schlanker, fetter, gebrochen

Rechte Spalte

Textur, Gotik , 13.Jahrhundert, Federkiel

Fraktur, Mainz,1450,Gutenbergbibel,
erste bewegliche Metalllettern

Antiqua, Venedig, 1500, Druckschrift,
Renaissance der römischen Antike,
darum «Antiqua» genannt

Italienische Kursive, um1620,
Federkiel, Schreibschrift

11

Schriftfamilien

Innerhalb einer Schriftart gibt es verschiedene Schriftfamilien.

Alle zeigen die typischen Merkmale ihrer Schriftart, jedoch in unterschiedlicher Ausprägung.

Klassische Antiqua

02.1

Klassische Antiquaschriften im Vergleich Majuskel zum Minuskel:

Times New Roman
Plantagenet
haben grosse Minuskeln
(Kleinbuchstaben)
mit kurzen Oberlängen und verhältnismässig hohe Majuskeln
(Grossbuchstaben).

Century
Garamond
Baskerville
haben relativ kleine Minuskeln
mit grossen Oberlängen und
verhältnismässig hohe Majuskeln.

Schriften
Times New Roman

Schriften
Plantagenet

Schriften
Century

Schriften
Garamond

Schriften
Baskerville

Times New Roman

Die Times-Antiqua gibt es in
verschiedenen Versionen,
man spricht von Schnitten:
Times New Roman (normal)
Times New Roman Bold (fett)
Times Extra Bold (extrafett)

Times New Roman Italic (kursiv)
Times N.R. Bold Italic (fett/kursiv)

Times Kapitälchen und
Times Kapitälchen Bold
haben nur Majuskeln,
gross geschriebene Worte
beginnen mit einer Initiale.

Groteskschriften

Arial
Helvetica
Frutiger
Myriad

grosse Minuskeln mit kurzen Oberlängen und kleine Majuskeln. Schrift wirkt optisch grösser.

FuturaBook
Gill

kleine Minuskeln mit langen Oberlängen und hohe Majuskeln. Eigenwillige Groteskschriften. Schrift wirkt optisch kleiner, was sich bei kleinen Graden auswirkt.

Bauhaus

konstruierte, markante Schrift.

Schriften — Arial Regular

Schriften — Helvetica Neue

Schriften — Frutiger Roman

Schriften — Myriad Pro Regular

Schriften — Futura Book

Schriften — Gill Sans Regular

Schriften — Bauhaus

Arial

02.4

Die Arial-Grotesk gibt es
in verschiedenen Schnitten:

Normal, fett und extrafett

Kursiv und fettkursiv

Schmal und schmalfett

Gerundete Version

Arial — Arial Regular

Arial — Arial Bold

Arial — Arial Black Regular

Arial — Arial Italic (kursiv)

Arial — Arial Bold Italic (fettkursiv)

Arial — Arial Narrow Regular (schmal)

Arial — Arial Narrow Bold (schmalfett)

Arial — Arial Rounded Bold Regular

Futura

02.5

Die Futura ist eine eigenwillige, sehr gut ausgebaute Grotesk. Sie verfügt über verschiedene Schnitte:

gerade
kursiv
schmal
schmalkursiv

in exakt abgestuften Stärkegraden, von leicht bis extrafett.

Futura
Futura
Futura
Futura
Futura
Futura

Futura
Futura
Futura
Futura
Futura
Futura

Futura
Futura
Futura
Futura

Futura
Futura
Futura
Futura

Gill

02.6

Die Gill ist unverwechselbar durch die unterschiedlich dicken Vertikalen und Horizontalen.
Die Gill ist zudem gut ausgebaut:

Leicht bis extrafett
schmal bis schmalfett
zwei Schattenschriften

Gill abcd

Gill abcd

Gill abcd

Gill abcd

Gill abcd

Gill abcd

Gill abcd

Gill abcd

Gill abcd

Gill abcd

GILL

Gill abcd

Gill abcd

Helvetica Neue

02.7

Die Helvetica Neue ist mit einer Vielzahl an Schnitten und Stärkegraden eine der bestausgebauten Groteskschriften.
Im Charakter neutraler als die Futura und die Gill, eignet sie sich besonders als Grundschrift, kombiniert mit prägnanten, sogar exotischen Titelschriften.

Helvetica Neue Ultra Light Condensed
Helvetica Thin Condensed
Helvetica Light Condensed
Helvetica Condensed
Helvetica Medium Condensed
Helvetica Bold Condensed
Helvetica Heavy Condensed
Helvetica Black Condensed
Helvetica Extra Black Condensed

Helvetica Neue Ultra Light Cond. Oblique
Helvetica Thin Condensed Oblique
Helvetica Light Cond. Oblique
Helvetica Condensed Oblique
Helvetica Condensed Medium Oblique
Helvetica Bold Condensed
Helvetica Heavy Cond. Oblique
Helvetica Black Cond. Oblique
Helvetica Extra Black Cond. Oblique

Helvetica Neue Ultra Light
Helvetica Thin
Helvetica Roman
Helvetica Medium
Helvetica Bold
Helvetica Heavy
Helvetica Black

Helvetica Neue Ultra Light Italic
Helvetica Thin Italic
Helvetica Italic
Helvetica Medium Italic
Helvetica Bold Italic
Helvetica Heavy Italic
Helvetica Black Italic

Helvetica Ultra Li. Extended
Helvetica Thin Extended
Helvetica Light Extended
Helvetica Extended
Helvetica Medium Ex.
Helvetica Bold Exten.
Helvetica Heavy Ex.
Helvetica Black Ex.

Helvetica Ultra Light Ext. Oblique
Helvetica Thin Ext. Oblique
Helvetica Light Ext. Oblique
Helvetica Extended Oblique
Helvetica Medium Ext. Obl.
Helvetica Bold Ext. Obl.
Helvetica Heavy E. O.
Helvetica Black E. O.

Anwendungen
02.8

Die Wahl der Schriftart, -stärke und -grösse entscheidet darüber, ob ein Text gerne gelesen und auch verstanden wird.

Klassische Antiquaschriften sind bei grossen Textmengen am besten lesbar. (Bücher,Zeitungen). Antiquavarianten eignen sich für Mode, Wellness, Kosmetik, Ferien, Food (Magazine).

Groteskschriften in vielen Varianten sind geeignet für Texte über Technik, Architektur, Industrie, Autos.

Mischungen zwischen Antiqua und Grotesk (Egyptienne) sowie Blockschrift, Schreibschrift, Pinselschrift sind individuell und einprägsam, dafür oft schlecht lesbar. Sie wendet man an für kurze Titel. Als Lauftext sind sie nicht geeignet.

Wer nur eine Schriftfamilie in verschiedenen Versionen und Stärken einsetzt, ist geschmacklich auf der sicheren Seite.

Wer einen Schriftsalat bevorzugt setzt extravagante Schriften nur für Titel ein. Er zieht die einzelnen Schriften konsequent durch, verwendet für alle Einführungstexte, Lauftexte,Kernsätze, Bildlegenden und Marginalien jeweils dieselbe Schrift.

Lauftext
03

Schriftgrösse
Spationierung
Durchschuss
Spaltenbreite
Blocksatz
Flattersatz
Gross- oder klein
Positiv/negativ
Schwarzweiss /farbig

Lauftext im Flattersatz

03.1

Links bündig, rechts Flattersatz in Times New Roman.

Bei mindestens 40 Anschlägen pro Zeile werden im Flattersatz Trennungen fast vermieden. Es entstehen keine zu grossen Wortabstände.

Der neue Absatz ist durch eine vorangehende Blindzeile und einen Einzug lesefreundlich markiert.

Es war ein klarer spätherbstlicher Morgen gegen Ende November. In der Nacht hatte es ein wenig geschneit, und so bedeckte ein frischer weisser Schleier, kaum mehr als zwei Finger hoch, den Boden. Noch bei Dunkelheit, gleich nach Laudes, hatten wir talabwärts in einem Dorf die Messe gehört.

Dann waren wir aufgebrochen, um beim ersten Tageslicht in die Berge zu gehen. Als wir den steilen Pfad erklommen, der sich die Hänge hinaufwand, sah ich zum erstenmal die Abtei. Nicht ihre Mauern überraschten mich, sie glichen den anderen, die ich allerorten in der christlichen Welt gesehen, sondern die Massigkeit dessen, was sich später als das Aedificium herausstellen sollte. Es war ein achteckiger Bau, der aus der Ferne zunächst wie ein Viereck aussah. Seine Südflanke ragte hoch über das Plateau der Abtei, während die Nordmauern unmittelbar aus dem Berghang zu wachsen schienen gleich schräg im Fels verwurzelten Bäumen.

Dann waren wir aufgebrochen, um beim ersten Tageslicht in die Berge zu gehen. Als wir den steilen Pfad erklommen, der sich die Hänge hinaufwand, sah ich zum erstenmal die Abtei. Nicht ihre Mauern überraschten mich, sie glichen den anderen, die ich allerorten in der christlichen Welt gesehen, sondern die Massigkeit dessen, was sich später als das Aedificium herausstellen sollte. Es war ein achteckiger Bau, der aus der Ferne zunächst wie ein Viereck aussah. Seine Südflanke ragte hoch über das Plateau der Abtei, während die Nordmauern unmittelbar aus dem Berghang zu wachsen schienen gleich schräg im Fels verwurzelten Bäumen.

Es war ein klarer spätherbstlicher Morge-gegen Ende November. In der Nacht hatte es ein wenig geschneit, und so bedeckte ein frischer weisser Schleier, kaum mehr als zwei Finger hoch, den Boden. Noch bei Dunkelheit, gleich nach Laudes, hatten wir talabwärts in einem Dorf die Messe gehört.

Lauftext im Blocksatz

03.2

Links: Blocksatz mit 27 Anschlägen pro Zeile ergibt übergrosse und hässliche Wortabstände; daneben viele und schlechte Trennungen.
Rechts: Blocksatz mit 70 Anschlägen pro Zeile ermöglicht ästhetische Wortabstände und benötigt fast keine Trennung.

Für schmale Spalten Flattersatz anwenden, für breite Spalten ist sowohl Blocksatz wie auch Flattersatz möglich.

Es war ein klarer spätherbstlicher Morgen gegen Ende November. In der Nacht hatte es ein wenig geschneit, und so bedeckte ein frischer Schleier, kaum mehr als zwei Finger hoch, den Boden. Noch bei Dunkelheit, gleich nach Laudes, hatten wir talabwärts in einem Dorf die Messe gehört. Dann waren wir aufgebrochen, um beim ersten Tageslicht in die Berge zu gehen. Als wir den steilen Pfad erklommen, der sich die Hänge hinaufwand, sah ich zum erstemmal die Abtei. Nicht ihre Mauern überraschten mich, sie glichen den anderen, die ich allerorten in der christlichen Welt gesehen, sondern die Massigkeit dessen, was sich später als Aedificium herausstellen sollte. Es war ein achteckiger Bau, der aus der Ferne zunächst wie ein Viereck aus-
Es war ein klarer spätherbstlicher Morgen gegen Ende November. In der Nacht hat-

Es war ein klarer spätherbstlicher Morgen Ende November. In der Nacht hatte es ein wenig geschneit, und so bedeckte ein frischer Schleier, kaum mehr als zwei Finger hoch, den Boden. Noch bei Dunkelheit, gleich nach Laudes, hatten wir talabwärts in einem Dorf die Messe gehört.
Dann waren wir aufgebrochen, um beim ersten Tageslicht in die Berge zu zu gehen. Als wir den steilen Pfad erklommen, der sich die Hänge hinaufwand, sah ich zum erstenmal die Abtei. Nicht ihre Mauern überraschten mich sie glichen den anderen, die ich allerorten in der christlichen Welt gesehen, sondern die Massigkeit dessen, was sich später als das Aedificium herausstellen sollte. Es war ein achteckiger Bau, der aus der Ferne zunächst wie ein Viereck aussah. Seine Südflanke ragte hoch über das Plateau der Abtei, während die Nordmauern unmittelbar aus dem Berghang zu wachsen schienen, gleich schräg im Fels verwurzelten Bäumen.
Es war ein klarer spätherbstlicher Morgen Ende November. In der Nacht hatte es ein wenig geschneit, und so bedeckte ein frischer Schleier, kaum mehr als zwei Finger hoch, den Boden. Noch bei Dunkelheit, gleich nach Laudes, hatten wir talabwärts in einem Dorf die Messe gehört.
Dann waren wir aufgebrochen, um beim ersten Tageslicht in die Berge zu zu gehen. Als wir den steilen Pfad erklommen, der sich die Hänge hinaufwand, sah ich zum erstenmal die Abtei. Nicht ihre Mauern überraschten mich sie glichen den anderen, die ich allerorten in der christlichen Welt gesehen, sondern die Massigkeit dessen, was sich später als das Aedificium herausstellen sollte. Es war ein achteckiger Bau, der aus der Ferne zunächst wie ein Viereck aussah. Seine Südflanke ragte hoch über das Plateau der Abtei, während die Nordmauern unmittelbar aus dem Berghang zu wachsen schienen, gleich schräg im Fels verwurzelten Bäumen.
Es war ein klarer spätherbstlicher Morgen Ende November. In der Nacht hatte es ein wenig geschneit, und so bedeckte ein frischer Schleier, kaum mehr als zwei Finger hoch, den Boden. Noch bei Dunkelheit, gleich nach Laudes, hatten wir talabwärts in einem Dorf die Messe gehört.
Dann waren wir aufgebrochen, um beim ersten Tageslicht in die Berge zu

Durchschuss

03.3

Durchschuss heisst der Abstand zwischen den Zeilen.

1. 11/11 Pt = kompress, der Text ist mässig gut lesbar.

2. 11/13 Pt = mit 2 Pt Durchschuss, der Text ist gut lesbar. Um diesen Durchschuss zu wähen, die Option «Automat» anklicken. Gutes Verhältnis Schrift/Raum.

3. 11/15 Pt = mit 4 Pt Durchschuss. Text mit viel Durchschuss ist sehr gut lesbar, braucht viel Raum.

4. 11/9 Pt = Durchschuss beträgt weniger als normal. Dieser enge Text ist nahezu unlesbar.

1

Es war ein klarer spätherbstlicher Morgen gegen Ende November. In der Nacht hatte es ein wenig geschneit, und so bedeckte ein frischer weisser Schleier, kaum mehr als zwei Finger hoch, den Boden. Noch bei Dunkelheit, gleich nach Laudes, hatten wir talabwärts in einem Dorf die Messe gehört. Dann waren wir aufgebrochen, um beim ersten Tageslicht in die Berge zu gehen. Als wir den steilen sich die Hänge hin erstenmal die Abtei überraschten mich. die ich allerorten i gesehen, sondern d was sich später als stellen sollte. Es w der aus der Ferne zu aussah. Seine Südf das Plateau der Ab mauern unmittelba wachsen schienen verwurzelten Bäu

2

Es war ein klarer spätherbstlicher Morgen gegen Ende November. In der Nacht hatte es ein wenig geschneit, und so bedeckte ein frischer weisser Schleier, kaum mehr als zwei Finger hoch, den Boden. Noch bei Dunkelheit, gleich nach Laudes, hatten wir talabwärts in einem Dorf die Messe gehört. Dann waren wir aufgebrochen, um beim ersten Tageslicht in Als wir den steilen sich die Hänge hina erstenmal die Abtei überraschten mich, die ich allerorten in gesehen, sondern di was sich später als stellen sollte. Es wa der aus der Ferne zu aussah. Seine Südfl das Plateau der Abt mauern unmittelbar wachsen schienen g verwurzelten Bäum

3

Es war ein klarer spätherbstlicher Morgen gegen Ende November. In der Nacht hatte es ein wenig geschneit, und so bedeckte ein frischer weisser Schleier, kaum mehr als zwei Finger hoch, den Boden. Noch bei Dunkelheit, gleich talabwärts in einem Dann waren wir au ersten Tageslicht ir Als wir den steilen sich die Hänge hin erstenmal die Abte überraschten mich die ich allerorten i gesehen, sondern d was sich später als stellen sollte. Es w

4

Es war ein klarer spätherbstlicher Morgen gegen Ende November. In der Nacht hatte es ein wenig geschneit, und so bedeckte ein frischer weisser Schleier, kaum mehr als zwei Finger hoch, den Boden. Noch bei Dunkelheit, gleich nach Laudes, hatten wir talabwärts in einem Dorf die Messe gehört. Dann waren wir aufgebrochen, um beim ersten Tageslicht in die Berge zu gehen. Als wir den steilen Pfad erklommen, der sich die Hänge hinaufwand, sah ich zum erstenmal die Abtei. Nicht ihre Mauern überraschten mich, sie glichen den anderen, die ich allerorten in der christlichen Welt gesehen, sondern die Massigkeit dessen, was sich später als das Aedificium herausstellen sollte. Es war ein achteckiger Bau, der aus der Ferne zunächst wie ein Viereck aussah. Seine Südflanke ragte hoch über das Plateau der Abtei, während die Nordmauern unmittelbar aus dem Berghang zu wachsen schienen gleich schräg im Fels verwurzelten Bäumen

Negativer Lauftext

1. Weisser Satz auf schwarzem Grund wirkt attraktiv, ist jedoch schlechter lesbar als schwarzer Text auf weissem Grund.

Bunte Hintergrundfarben wirken belebend, doch stehlen sie dem Text die Schau. Deshalb nur kurze Texte negativ in einem farbigen Feld.

2/3. Etwas mehr Durchschuss verbessert die Lesbarkeit von Negativsatz.

4. Wird Negativsatz zudem unterschnitten, ist der Text besonders schlecht lesbar.

1

Es war ein klarer spätherbstlicher Morgen gegen Ende November. In der Nacht hatte es ein wenig geschneit, und so bedeckte ein frischer weisser Schleier, kaum mehr als zwei Finger hoch,den Boden. Noch bei Dunkelheit, gleich nach Laudes, hatten wir talabwärts in einem Dorf die Messe gehört. Dann waren wir aufgebrochen, um beim ersten Tageslicht in die Berge zu gehen. Als wir den steilen sich die Hänge hin erstenmal die Abtei überraschten mich, die ich allerorten i gesehen, sondern d was sich später als stellen sollte. Es w der aus der Ferne z aussah. Seine Südf das Plateau der Ab mauern unmittelba wachsen schienen verwurzelten Bäu

2

Es war ein klarer spätherbstlicher Morgen gegen Ende November. In der Nacht hatte es ein wenig geschneit, und so bedeckte ein frischer weisser Schleier, kaum mehr als zwei Finger hoch,den Boden. Noch bei Dunkelheit, gleich nach Laudes, hatten wir talabwärts in einem Dorf die Messe gehört. Dann waren wir aufgebrochen, um beim ersten Tageslicht i Als wir den steilen sich die Hänge hina erstenmal die Abtei überraschten mich, die ich allerorten in gesehen, sondern d was sich später als stellen sollte. Es wa der aus der Ferne zu aussah. Seine Südfl das Plateau der Abt mauern unmittelbar wachsen schienen g verwurzelten Bäum

3

Es war ein klarer spätherbstlicher Morgen gegen Ende November. In der Nacht hatte es ein wenig geschneit, und so bedeckte ein frischer weisser Schleier, kaum mehr als zwei Finger hoch,den Boden. Noch bei Dunkelheit, gleich nach Laudes, hatten wir talabwärts in einem Dorf die Messe gehört. Dann waren wir au ersten Tageslicht in Als wir den steilen sich die Hänge hina erstenmal die Abtei überraschten mich, die ich allerorten ir gesehen, sondern d was sich später als stellen sollte. Es wa

4

Es war ein klarer spätherbstlicher Morgen gegen Ende November. In der Nacht hätte es ein wenig geschneit, und so bedeckte ein frischer weisser Schleier, kaum mehr als zwei Finger hoch,den Boden. Noch bei Dunkelheit, gleich nach Laudes, hatten wir talabwärts in einem Dorf die Messe gehört. Dann waren wir aufgebrochen, um beim ersten Tageslicht in die Berge zu gehen. Als wir den steilen Pfad erklommen, der sich die Hänge hinaufwand, sah ich zum erstenmal die Abtei. Nicht ihre Mauern überraschten mich,sie glichen den anderen, die ich allerorten in der christlichen Welt gesehen, sondern die Massigkeit dessen, was sich später als das Aedificium herausstellen sollte. Es war ein achteckiger Bau, der aus der Ferne zunächst wie ein Viereck aussah. Seine Südflanke ragte hoch über das Plateau der Abtei, während die Nordmauern unmittelbar aus dem Berghang zu wachsen schienen gleich schräg im Fels

Textanordnung
03.5

1. Text links bündig, Flattersatz rechts: ist nicht originell, doch nach wie vor am besten lesbar.

2: Text rechts bündig, Flattersatz links: ist originell, aber mühsam zu lesen.

3. Blocksatz mit 37 Anschlägen ergibt grosse Wortabstände und ist deshalb unästhetisch.

4. Eingemitteter Flattersatz ist für grössere Lauftextmengen ungeeignet, weil mühsam zu lesen.

1

Es war ein klarer spätherbstlicher Morgen gegen Ende November. In der Nacht hatte es ein wenig geschneit, und so bedeckte ein frischer weisser Schleier, kaum mehr als zwei Finger hoch, den Boden. Noch bei Dunkelheit, gleich nach Laudes, hatten wir talabwärts in einem Dorf die Messe gehört. Dann waren wir aufgebrochen, um beim ersten Tageslicht in die Berge zu gehen. Als wir den steilen Pfad erklommen, der sich die Hänge hinaufwand, sah ich zum erstenmal die Abtei. Nicht ihre Mauern überraschten mich, sie glichen den anderen, die ich allerorten in der christlichen Welt gesehen, sondern die Massigkeit dessen, was sich später als das Aedificium heraus-

2

Es war ein klarer spätherbstlicher Morgen gegen Ende November. In der Nacht hatte es ein wenig geschneit, und so bedeckte ein frischer weisser Schleier, kaum mehr als zwei Finger hoch, den Boden. Noch bei Dunkelheit, gleich nach Laudes, hatten wir talabwärts in einem Dorf die Messe gehört. Dann waren wir aufgebrochen, um beim ersten Tageslicht in die Berge zu gehen. Als wir den steilen Pfad erklommen, der sich die Hänge hinaufwand, sah ich zum erstenmal die Abtei. Nicht ihre Mauern überraschten mich, sie glichen den anderen, die ich allerorten in der christlichen Welt gesehen, sondern die Massigkeit dessen, was sich später als das Aedificium heraus-

3

Es war ein klarer spätherbstlicher Morgen gegen Ende November. In der Nacht hatte es ein wenig geschneit, und so bedeckte ein frischer weisser Schleier, kaum mehr als zwei Finger hoch, den Boden. Noch bei Dunkelheit, gleich nach Laudes, hatten wir talabwärts in einem Dorf die Messe gehört. Dann waren wir aufgebrochen, um beim ersten Tageslicht in die Berge zu gehen. Als wir den steilen Pfad erklommen, der sich die Hänge hinaufwand, sah ich zum erstenmal die Abtei. Nicht ihre Mauern überraschten mich, sie glichen den anderen, die ich allerorten in der christlichen Welt gesehen, sondern die Massigkeit dessen, was sich später als das Aedificium heraus-

4

Es war ein klarer spätherbstlicher Morgen gegen Ende November. In der Nacht hatte es ein wenig geschneit, und so bedeckte ein frischer weisser Schleier, kaum mehr als zwei Finger hoch, den Boden. Noch bei Dunkelheit, gleich nach Laudes, hatten wir talabwärts in einem Dorf die Messe gehört. Dann waren wir aufgebrochen, um beim ersten Tageslicht in die Berge zu gehen. Als wir den steilen Pfad erklommen, der sich die Hänge hinaufwand, sah ich zum erstenmal die Abtei. Nicht ihre Mauern überraschten mich, sie glichen den anderen, die ich in der christlichen Welt gesehen, sondern die Massigkeit dessen

Schmal und kursiv

03.6

Vergleich zwischen normaler und schmaler Schriftversion:

1:Futura Book:
hat 42 Anschläge pro Zeile

2: Futura Light, schmal:
Diese schmale Futura kann
2 Pt grösser gesetzt werden als
die Futura Book. Zudem haben
25% mehr Anschläge Platz

3: Futura Light, schmal/kursiv:
25% mehr Anschläge als 1

4: Futura Medium:
schmal/halbfett/kursiv
20% mehr Anschläge als 1

1

Es war ein klarer spätherbstlicher Morgen gegen Ende November. In der Nacht hatte es ein wenig geschneit, und so bedeckte ein frischer weisser Schleier, kaum mehr als zwei Finger hoch,den Boden. Noch bei Dunkelheit, gleich nach Laudes, hatten wir talabwärts in einem Dorf die Messe gehört. Dann waren wir aufgebrochen, um beim ersten Tageslicht in die Berge zu gehen. Als wir den steilen Pfad erklommen, der sich die Hänge hinaufwand, sah ich zum erstenmal die Abtei. Nicht ihre Mauern überraschten mich, sie glichen den anderen, die ich allerorten in der christlichen Welt ehen, sondern die Massigkeit dessen, was sich später als das Aedificium heraus- der aus der Ferne zunächst wie ein Viereck

2

Es war ein klarer spätherbstlicher Morgen gegen Ende November. In der Nacht hatte es ein wenig geschneit, und so bedeckte ein frischer weisser Schleier, kaum mehr als zwei Finger hoch,den Boden. Noch bei Dunkelheit, gleich nach Laudes, hatten wir talabwärts in einem Dorf die Messe gehört. Dann waren wir aufgebrochen, um beim ersten Tageslicht in die Berge zu gehen. Als wir den steilen Pfad erklommen, der sich die Hänge hinaufwand, sah ich zum erstenmal die Abtei. Nicht ihre Mauern überraschten mich, sie glichen den anderen, die ich allerorten in der christlichen Welt gesehen, sondern die Massigkeit dessen, was sich später als das Aedificium herausstellen sollte. Es war ein achteckiger Bau, der aus der Ferne zunächst wie ein Viereck aussah. Seine Südflanke ragte hoch über das Plateau

3

Es war ein klarer spätherbstlicher Morgen gegen Ende November. In der Nacht hatte es ein wenig geschneit, und so bedeckte ein frischer weisser Schleier, kaum mehr als zwei Finger hoch,den Boden. Noch bei Dunkelheit, gleich nach Laudes, hatten wir talabwärts in einem Dorf die Messe gehört. Dann waren wir aufgebrochen, um beim ersten Tageslicht in die Berge zu gehen. Als wir den steilen Pfad erklommen, der sich die Hänge hinaufwand, sah ich zum erstenmal die Abtei. Nicht ihre Mauern überraschten mich, sie glichen den anderen, die ich allerorten in der christlichen Welt gesehen, sondern die Massigkeit dessen, was sich später als das Aedificium herausstellen sollte. Es war ein achteckiger Bau, der aus der Ferne zunächst wie ein Viereck aussah. Seine Südflanke ragte hoch über das Plateau

4

Es war ein klarer spätherbstlicher Morgen gegen Ende November. In der Nacht hatte es ein wenig geschneit, und so bedeckte ein frischer weisser Schleier, kaum mehr als zwei Finger hoch,den Boden. Noch bei Dunkelheit, gleich nach Laudes, hatten wir talabwärts in einem Dorf die Messe gehört. Dann waren wir aufgebrochen, um beim ersten Tageslicht in die Berge zu gehen. Als wir den steilen Pfad erklommen, der sich die Hänge hinaufwand, sah ich zum erstenmal die Abtei. Nicht ihre Mauern überraschten mich, sie glichen den anderen, die ich allerorten in der christlichen Welt gesehen, sondern die Massigkeit dessen, was sich später als das Aedificium herausstellen sollte. Es war ein achteckiger Bau, der aus der Ferne zunächst wie ein Viereck aussah. Seine Südflanke ragte hoch über das Plateau der Abtei, während die Nordmauern unmittelbar aus dem

Versalien/Kapitälchen

03.7

Links: Times Regular,
Ganzer Text in Versalien und
zudem eingemittet

Rechts: Times Kapitälchen,
der ehemalige Grossbuchstabe
ist etwa um ein Drittel höher,
zudem eingemittet

Versalien anwenden und zudem
einmitten, macht einen Text
schlechter lesbar
Eingemitteter Text wirkt majes-
tätisch, wie eine Gedenktafel
oder wie ein edles Dokument

ES WAR EIN KLARER SPÄTHERBSTLICHER MORGEN
GEGEN ENDE NOVEMBER. IN DER NACHT HATTE
ES EIN WENIG GESCHNEIT, UND SO BEDECKTE
EIN FRISCHER WEISSER SCHLEIER, KAUM MEHR
ALS ZWEI FINGER HOCH, DEN BODEN. NOCH BEI
DUNKELHEIT, GLEICH NACH LAUD
TALABWÄRTS IN EINEM DORF DIE

DANN WAREN WIR AUFGEBROC
ERSTEN TAGESLICHT IN DIE BERG
WIR DEN STEILEN PFAD ERKL
SICH DIE HÄNGE HINAUFWAND.
ERSTENMAL DIE ABTEI. NICHT IHR
RASCHTEN MICH, SIE GLICHEN
DIE ICH ALLERORTEN IN DER CHRI
GESEHEN, SONDERN DIE MASSIG
WAS SICH SPÄTER ALS DAS AEDIF
STELLEN SOLLTE. ES WAR EIN ACH
DER AUS DER FERNE ZUNÄCHST W
AUSSAH. SEINE SÜDFLANKE R
ÜBER DAS PLATEAU DER ABTEI,
NORDMAUERN UNMITTELBAR AUS
ZU WACHSEN SCHIENEN
SCHRÄG VERWURZELTENTE

ES WAR EIN KLARER SPÄTHERBSTLICHER MORGEN
GEGEN ENDE NOVEMBER. IN DER NACHT
HATTE ES EIN WENIG GESCHNEIT, UND SO BEDECKTE EIN FRI-
SCHER WEISSER SCHLEIER,
KAUM MEHR ALS ZWEI FINGER HOCH, DEN BODEN. NOCH BEI
DUNKELHEIT, GLEICH NACH LAUDES,
HATTEN WIR TALABWÄRTS IN EINEM DORF
DIE MESSE GEHÖRT.
DANN WAREN WIR AUFGEBROCHEN, UM BEIM
ERSTEN TAGESLICHT IN DIE BERGE ZU GEHEN.
ALS WIR DEN STEILEN PFAD ERKLOMMEN,
DER SICH DIE HÄNGE HINAUFWAND, SAH ICH ZUM
ERSTENMAL DIE ABTEI. NICHT IHRE MAUERN
ÜBERRASCHTEN MICH, SIE GLICHEN DEN
ANDEREN, DIE ICH IN DER CHRISTLICHEN WELT
GESEHEN, SONDERN DIE MASSIGKEIT DESSEN CHRISTLICHEN
GESEHEN, SONDERN DIE MASSIGKEIT DESSENECK

Grundregeln
03.8

Lesbarkeit ist das oberste Ziel
jeder Schrift, Lesbarkeit
und Schönheit sind vereinbar.

Unter 40 Anschlägen pro Zeile kein Blocksatz -
sondern Flattersatz rechts

Ab 70 Anschlägen pro Zeile wird schöner Blocksatz mit wenigen,
vernünftigen Trennungen möglich

Finde den Kompromiss zwischen zwei Vorteilen:
Breite Spalten = schöner Satz (dafür weniger Layoutvarianten)
Schmale (dafür mehr Spalten) = mehr Layoutvarianten

Für schmale Spalten wähle eine schmale Schrift -
sie erlauben 20% mehr Anschläge oder grösseren Schriftgrad

Für umfangreiche Titel wähle eine schmale Titelschrift,
dadurch lassen sich Trennungen im Titel ganz vermeiden

Spationierung

03.9

Spationierung heisst der Abstand von Buchstabe zu Buchstabe in der Zeile (sprich spazionieren).

Wird die Schrift mit mehr Abstand gesetzt, ist sie mehr oder weniger spationiert. Eine Schrift wird durch spationieren zunehmend schlechter lesbar und hässlich.

Wird eine Schrift enger gesetzt, wird sie ebenfalls ebenfalls un-leserlich und hässlich.

Diese Zeile ist gesetzt in Times
Diese Zeile ist gesetzt in Helvetica
Diese Zeile ist gesetzt in Comic

Diese Zeile ist 50% spationiert gesetzt in Times
Diese Zeile ist 50% spationiert gesetzt in Helvetica
Diese Zeile ist 50% spationiert gesetzt in Comic

Diese Zeile ist 100 % spationiert gesetzt in Times
Diese Zeile ist 100% spationiert gesetzt in Helvetica
Diese Zeile ist 100% spationiert gesetzt in Comic

Diese Zeile ist 250% spationiert gesetzt in Times
Diese Zeile ist 250% spationiert gesetzt in Helvetica
Diese Zeile ist 250% spationiert gesetzt in Comic

Diese Zeile ist 25% enger gesetzt in Times
Diese Zeile ist 25% enger gesetzt in Helvetica
Diese Zeile ist 25% enger gesetzt in Comic

Diese Zeile ist 100% enger gesetzt in Times
Diese Zeile ist 100% enger gesetzt in Helvetica
Diese Zeile ist 100% enger gesetzt in Comic

Auszeichnungen

Auszeichnungen im Lauftext scheinen oft unumgänglich.

Ob eine Auszeichnung durch spationieren, fettschreiben, kursivstellen oder unterstreichen erfolgt:
Mitten in Zeilen und in grosser Anzahl stört sie den Lesefluss.

Auszeichnungen möglichst sparsam anwenden und an den Zeilenanfang stellen.
Variante: aus der Auszeichnung einen Untertitel machen.

Das häufige s p a t i o n i e r e n eines Lauftextes macht ihn u n ä s t h e t i s c h und zudem s c h w e r l e s b a r.

Auszeichnungen durch **halbfette** oder gar **fette Schrift** im **Lauftext** machen das Schriftbild **unruhig** und hässlich.

Etwas weniger gravierend sind die *Auszeichnungen* durch *kursivschreiben,* das heisst den Einsatz der *Version Italic.*

Jede *weitere* Auszeichnung macht alle übrigen **wertloser.** Eine gangbare L ö s u n g ist es, das <u>nicht</u> zu umgehende *Hervorheben* eines **Wortes** oder einer Textpartie an den Anfang eines Abschnitts zu stellen.

Auszeichnungen in Bold am Beginn eines Abschnitts übernehmen die Funktion eines Initials: Sie wecken die Aufmerksamkeit des Lesers und bringen Ruhe und gute Gliederung in den Textablauf.

Zahlen im Lauftext

Zahlen im Text wirken, wie Versalien, verhältnismässig zu gross.

Um sie harmonisch in den Lauftext zu integrieren, setzt man Zahlen um acht bis zehn Prozent kleiner. Sie haben dann eine Höhe zwischen Majuskeln und Minuskeln.

Das Schiff ist 267m lang und 28m breit
Zahlen und Text in 22 Pt

Das Schiff ist 267m lang und 28m breit
Zahlen auf 20 Pt reduziert

Das Schiff ist 267m lang und 28m
Zahlen und Text in 36 Pt

Das Schiff ist 267m lang und 28m
Zahlen auf 33 Pt reduziert.

Das Schiff ist 267m
Zahlen und Text in 60 Pt

Das Schiff ist 267m
Zahlen auf 56 Pt reduziert

Spaltentitel

03.12

Wenn fette Spaltentitel dieselbe Grösse haben wie der Lauftext, wirken sie kleiner, weil ihre weissen Innenräume real und optisch kleiner sind.

Setze Spaltentitel fünf Prozent grösser, dadurch wirken sie gleichgross wie der Text.

Spaltentitel von 20Pt in Helvetica
Auch der Lauftext hat 20Pt und wirkt optisch grösser, weil die Innenräume der Buchstaben grösser sind.

Spaltentitel von 21 Pt in Helvetica
Der Lauftext ist auch hier 20 Pt, wie beim oberen Beispiel. Jetzt wirken beide Schriften gleichwertig.

Spaltentitel von 32 Pt in Helvetica
Auch der Lauftext hat 32 Pt und wirkt optisch grösser, weil die Innenräume

Spaltentitel von 34 Pt in Helvetica
Der Lauftext ist auch hier 32Pt, wie beim oberen Beispiel. Beide Schriften wirke

Lauftext-Spaltenbreite

03.13

Lauftext in verschiedenen
Spaltenbreiten für:
Belletristik
Sachbücher
Zeitungen

Belletristische Werke haben meistens nur eine Spalte mit etwa 65 Anschlägen pro Zeile. Das erlaubt einen schönen und sehr gut lesbaren Blocksatz. Dieser Blindsatz ist in TimesNewRoman 11/13P Das ergibt eine Spaltenbreite von ungefähr 95 Millimeter. Belletr

Fachliche Taschenbücher sind oft einspaltig gestaltet. Diese ist etwas schmaler und umfasst etwa 60 Anschläge im Blocksatz. Dieser Blindsatz ist in HelveticaNeue Roman 10/12Pt. ge-

Fachliche Taschenbücher sind oft einspaltig gestaltet. Diese ist etwas schmaler und umfasst etwa 60 Anschläge im Blocksatz. Dieser Blindsatz ist in TimesNewRoman 11/13Pt geset-

Eine Zeitungsspalte hat eine Breite von 55 Millimeter und umfasst knapp 40 Anschläge. Zeitungsspalten sind sehr oft im Blocksatz gestaltet. Dabei treten immer wieder zu grosse Wortabstände und viele hässliche Trennungen auf.

Eine Zeitungsspalte hat eine Breite von 55 Millimeter und umfasst knapp 40 Anschläge. Wenn Zeitungsspalten im Flattersatz gesetzt werden, entsteht ein organischer und besser lesbarer Satz.

Für sehr schmale Spalten setzt man mit Vorteil eine schlanke Groteskschrift ein: Die 12/14Pt Helvetica Neue Thin Condens umfasst je Zeile 30 Anschläge

Für sehr schmale Spalten setzt man mit Vorteil eine schlanke Groteskschrift ein: Die 10/12Pt HelveticaNeue ThinCondensed umfasst proZeile-35 Anschläge auf 40mm Spaltenbre

Titel und Text

Vom sachlichen Titel
mit Informations-Charakter
bis zum
repräsentativen,
oder eigenwilligen
Eyecatcher

Titel und Text

Diese ruhige Typografie verwendet für Haupttitel, Untertitel, Spaltentitel und Lauftext ausschliesslich die Times-Antiqua in verschiedenen Schnitten und in gemässigten Grössegraden.

Der Haupttitel(Head)Times New Roman Bold 20 Pt über alle Spalten

Der Untertitel(Subhead) ist gesetzt in Times New Roman Italic 16 Pt und frei auslaufend bis zu zwei Spalten breit.

Spaltentitel Times Bold 11/13 Punkt
Dieser Lauftext ist in Times NewRoman-Regular 10/12 Pt gesetzt. Eine Zeile hat um die 40 Anschläge. Darum Flattersatz. Ende November. In der Nacht hatte es ein wenig geschneit, und so bedeckte ein frischer weisser Schleier, kaum mehr als zwei Finger hoch, den Boden. Noch bei Dunkelheit, gleich nach Laudes, hatten wir talabwärts in einem Dorf die Messe gehört. Dann waren wir aufgebrochen, um beim ersten Tageslicht in die Berge zu gehen. Als wir den steilen Pfad erklommen, der sich die Hänge hinaufwand, sah ich zum erstenmal die Abtei. Nicht i überraschten mich, sie glichen den andere, die ich allerorten in der christlichen Welt gesehen, sondern die Massigkeit dessen, was sich später als das Aedificium herausstellen sollte. Es war ein achteckiger Bau, der aus der Ferne zunächst wie ein Viereck aussah. Seine Südflanke ragte hoch über das Plateau der Abtei, während die Nordmauern unmittelbar aus dem Berghang zu

Spaltentitel Times Bold 11/13 Punkt
Es war ein klarer spätherbstlicher Morgen gegen Ende November. In der Nacht hatte es ein wenig geschneit, und so bedeckte ein frischer weisser Schleier, kaum mehr

Es war ein klarer spätherbstlicher Morgen gegen Ende November. In der Nacht hatte es ein wenig geschneit, und so bedeckte ein frischer weisser Schleier, kaum mehr als zwei Finger hoch, den Boden. Noch bei Dunkelheit, gleich nach Laudes, hatten wir talabwärts in einem Dorf die Messe gehört. Dann waren wir aufgebrochen, um beim ersten Tageslicht in die B
Als wir den steilen Pfad erklommen, der sich die Hänge hinaufwand, sah ich zum erstenmal die Abtei. Nicht ihre Mauern überraschten mich, sie glichen den andere, die ich allerorten in der christlichen Welt

> **Ein Kästchentext soll auffallen und ist deshalb ebenfalls in der 11 Punkt-Times New Roman Bold gesetzt. Ein Kästchentext soll auffallen und ist deshalb ebenfalls in der 11 Punkt-Times New Roman Bold gesetzt.**

Es war ein klarer spätherbstlicher Morgen gegen Ende November. In der Nacht hatte es ein wenig geschneit, und so bedeckte ein frischer weisser Schleier, kaum mehr als zwei Finger hoch, den Boden. Noch bei Dunkelheit, gleich nach Laudes, hatten wir talabwärts in einem Dorf die Messe gehört. Dann waren wir aufgebrochen, um beim ersten Tageslicht in die Berge zu gehen.
Als wir den steilen Pfad erklommen, der

Spaltentitel Times Bold 11/13 Punkt
Dieser Lauftext ist in Times NewRoman-Regular 10/12 Pt gesetzt. Eine Zeile hat um die 40 Anschläge. Darum Flattersatz Ende November. In der es ein wenig geschneit, und so bedeckte ein frischer weisser Schleier, kaum mehr als zwei Finger hoch, den Boden. Noch bei Dunkelheit, gleich nach Laudes, hatten wir talabwärts in einem Dorf die Messe gehört. Dann waren wir aufgebrochen, um beim ersten Tageslicht in die Berge zu gehen. Als wir den steilen Pfad erklommen, der sich die Hänge hinaufwand, sah ich zum erstenmal die Abtei. Nicht ihre Mauern überraschten mich, sie glichen den andere, die ich allerorten in der christlichen Welt gesehen, sondern die Massigkeit dessen, was sich später als d heraus-men.

Es war ein klarer spätherbstlicher Morgen gegen Ende November. In der Nacht hatte es ein wenig geschneit, und so bedeckte ein frischer weisser Schleier, kaum mehr als zwei Finger hoch, den Boden. Noch bei Dunkelheit, gleich nach Laudes, hatten wir tae zu gehen. och, den Boden. Noch bei

Titel und Text

Wird der Haupttitel verbal kürzer verfasst, kann er in einem grösseren Schriftgrad gesetzt werden. Ein Einführungstext ergänzt den Titel.

Die Spaltentitel werden etwas markanter, der kurze Kästchentext ist jetzt negativ weiss.

Die Typografie ist um eine Stufe auffälliger geworden.

Der Haupttitel Times ist kürzer und grösser

Ein Einführungstext ergänzt den kurz gehaltenen Haupttitel. Er macht den Leser neugierig durch eine Zusammenfassung des nachfolgenden Textes Dieser ist 15 Pt Times New Roman.

Spaltentitel Times Bold

Dieser Lauftext ist in Times NewRoman-Regular 10/12 Pt gesetzt.Eine Zeile hat um die 40 Anschläge. DarumFlattersatz. Ende November. In der Nacht hatte es ein wenig geschneit, und so bedeckte ein frischer weisser Schleier, kaum mehr als zwei Finger hoch, den Boden. Noch bei Dunkelheit, gleich nach Laudes, hatten wir talabwärts in einem Dorf die Messe gehört. Dann waren wir aufgebrochen, um beim ersten Tageslicht in die Berge zu gehen. Als wir den steilen Pfad erklommen, der sich die Hänge hinaufwand, sah ich zum erstenmal die Abtei. Nicht iübernraschten mich, sie glichen den andere, die ich allerorten in der christlichen Welt gesehen, sondern die Massigkeit dessen, was sich später als das Aedificium herausstellen sollte. Es war ein achteckiger Bau, der aus der Ferne zunächst wie ein Viereck aussah. Seine Südflanke ragte hoch über das Plateau der Abtei, während die Nordmauern unmittelbar aus dem Berghang zu

Spaltentitel TPunkt

Es war ein klarer spätherbstlicher Morgen gegen Ende November. In der Nacht hatte es ein wenig geschneit, und so bedeckte.

Es war ein klarer spätherbstlicher Morgen gegen Ende November. In der Nacht hatte es ein wenig geschneit, und so bedeckte ein frischer weisser Schleier, kaum mehr als zwei Finger hoch, den Boden. Noch bei Dunkelheit, gleich nach Laudes, hatten wir talabwärts in einem Dorf die Messe gehört. Dann waren wir aufgebrochen, um beim ersten Tageslicht in die B

Als wir den steilen Pfad erklommen, der sich die Hänge hinaufwand, sah ich zum erstenmal die Abtei. Nicht ihre Mauern überraschten mich, sie glichen den andere, die ich allerorten in der christlichen Welt

> Ein Kästchentext soll auffallen und TimesNewRomanBold gesetzt. Ein Kästchentext soll auffallen und deshalb ebenfalls in der 11 Punkt TimesNewRomanBold gesetzt.

Es war ein klarer spätherbstlicher Morgen gegen Ende November. In der Nacht hatte es ein wenig geschneit, und so bedeckte ein frischer weisser Schleier, kaum mehr als zwei Finger hoch, den Boden. Noch bei Dunkelheit, gleich nach Laudes, hatten wir

Es war ein klarer spätherbstlicher Morgen gegen Ende November. In der Nacht hatte es ein wenig geschneit, und so bedeckte ein frischer weisser Schleier, kaum mehr als zwei Finger hoch, den Boden. Noch bei Dunkelheit, gleich nach Laudes, hatten wir talabwärts in einem Dorf die Messe gehört. Dann waren wir aufgebrochen, um beim ersten Tageslicht in die Berge zu gehen. Als wir den steilen Pfad erklommen, der sich die Hänge hinaufwand, sah ich zum erstenmal die Abtei. Nicht ihre Mauern überraschten mich, sie glichen den andere, die ich allerorten in der christlichen Welt gesehen, sondern die Massigkeit dessen,

Spaltentitel Times Bold

Dieser Lauftext ist in Times NewRoman-Regular 10/12 Pt gesetzt.Eine Zeile hat um die 40 Anschläge. DarumFlattersatz Ende November. In der es ein wenig geschneit, und so bedeckte ein frischer weisser Schleier, kaum mehr als zwei Finger hoch, den Boden. Noch bei Dunkelheit, gleich nach Laudes, hatten wir talabwärts in einem Dorf die Messe gehört. Dann waren wir aufgebrochen, um beim ersten Tageslicht in die Berge zu gehen. Als wir den steilen Pfad erklommen, der sich die Hänge hinaufwand, sah ich zum erstenmal die Abtei. Nicht ihre Mauern überraschten mich, sie glichen den andere, die ich allerorten in der christlichen Welt gesehen, sondern die Massigkeit dessen,

Titel und Text

DieseTypografie ist nochmals einen Schritt attraktiver. Sie verwendet zwei unterschiedliche Schriftarten:
Für den Lauftext ist es die Times New Roman-Antiqua.

Haupttitel, Einführungtext, Spaltentitel und Kästchentext sind aus einer schmalen Helvetica-Grotesk Bold und Light.

Der Haupttitel ist kurz Helvetica Bold Condensed

Der Einführungstext ergänzt den Haupttitel und fördert den Einstieg. Er ist gesetzt in Helvetica NeueCondensed 17/20 Pt.
Der Einführungstext ergänzt den Haupttitel und fördert den Einstieg. Er ist gesetzt in Helvetica NeueCondensed 17/20 Pt.

Spaltentitel Helvetica BoldC Condensed auch mehrzeilig

Dieser Lauftext ist in Times NewRoman-Regular 10/12 Pt gesetzt.Eine Zeile hat um die 40 Anschläge. DarumFlattersatz. Ende November. In der Nac
es ein wenig geschneit, und so bedeckte ein frischer weisser Schleier, kaum mehr als zwei Finger hoch, den Boden. Noch bei Dunkelheit, gleich nach Laudes, hatten wir talabwärts in einem Dorf die Messe gehört. Dann waren wir aufgebrochen, um beim ersten Tageslicht in die Berge zu gehen. Als wir den steilen Pfad erklommen, der sich die Hänge hinaufwand, sah ich zum erstenmal die Abtei. Nicht iüberraschten mich, sie glichen den
die ich allerorten in der christlichen Welt gesehen, sondern die Massigkeit dessen, was sich später als das Aedificium herausstellen sollte. Es war ein achteckiger Bau, der aus der Ferne zunächst wie ein Viereck aussah. Seine Südflanke ragte hoch über das Plateau der Abtei, während die Nordmauern unmittelbar aus dem Berghang zu

ersten Tageslicht in die Berge zu gehen. Als wir den steilen Pfad erklommen, der sich die Hänge hinaufwand, sah ich zum erstenmal die Abtei. Nicht ihre Mauern überraschten mich, sie glichen den andere, die ich allerorten in der christlichen Welt gesehen, sondern die Massigkeit dessen,

Spaltentitel Helvetica BoldC

Dieser Lauftext ist in Times NewRoman-Regular 10/12 Pt gesetzt.Eine Zeile hat um die 40 Anschläge. DarumFlattersatz Ende November. In der
es ein wenig geschneit, und so bedeckte ein frischer weisser Schleier, kaum mehr als zwei Finger hoch, den Boden. Noch bei Dunkelheit, gleich nach Laudes, hatten wir talabwärts in einem Dorf die Messe gehört. Dann waren wir aufgebrochen, um beim ersten Tageslicht in die
Als wir den steilen Pfad erklommen, der sich die Hänge hinaufwand, sah ich zum erstenmal die Abtei. Nicht ihre Mauern überraschten mich, sie glichen den andere,
die ich allerorten in der christlichen Welt

Es war ein klarer spätherbstlicher Morgen gegen Ende November. In der Nacht hatte es ein wenig geschneit, und so bedeckte ein frischer weisser Schleier, kaum mehr als zwei Finger hoch, den Boden. Noch bei Dunkelheit, gleich nach Laudes, hatten wir talabwärts in einem Dorf die Messe gehört. Dann waren wir aufgebrochen, um beim ersten Tageslicht in die Berge zu gehen. Als wir den steilen Pfad erklommen, der sich die Hänge hinaufwand, sah ich zum erstenmal die Abtei. Nicht ihre Mauern überraschten mich, sie glichen den andere, die ich allerorten in der christlichen Welt gesehen, sondern die Massigkeit dessen,

Ein Kästchentext soll auffallen und ist deshalb ebenfalls in der 11 Punkt Helvetica Neue Light Condensed gesetzt.
Ein Kästchentext soll auffallen und ist deshalb ebenfalls in der 11 Punkt Helvetica

Es war ein klarer spätherbstlicher Morgen gegen Ende November. In der Nacht hatte es ein wenig geschneit, und so bedeckte ein frischer weisser Schleier, kaum mehr als zwei Finger hoch, den Boden. Noch bei Dunkelheit, gleich nach Laudes, hatten wir talabwärts in einem Dorf die Messe gehört. Dann waren wir aufgebrochen, um beim

Titel und Text

Die ganze Typografie ist aus der markanten, gut lesbaren Gill Sans gesetzt.

Der verbal sehr kurze Haupttitel und der lange Untertitel sind in grossen Schriftgraden gesetzt.

Lauftext und Spaltentitel sind eher zurückhaltend.

Extrem grosser Haupttitel

Der Untertitel ergänzt den Haupttitel und macht neugierig, den folgenden Lauftext zu lesen Gill Sans Regular

Spaltentitel in GillSansRegular

Dieser Lauftext ist in Gill Sans Light 10/12 Pt gesetzt. Eine Zeile hat um die 40 Anschläge. DarumFlattersatz. ber. In der Nac es ein wenig geschneit, und so bedeckte ein frischer weisser Schleier, kaum mehr als zwei Finger hoch, den Boden. Noch bei Dunkelheit, gleich nach Laudes, hatten wir talabwärts in einem Dorf die Messe ge

Spaltentitel in GillSansRegular

Dieser Lauftext ist in Gill Sans Light 10/12 Pt gesetzt. Eine Zeile hat um die 40 Anschläge. DarumFlattersatz. ber. In der Nac es ein wenig geschneit, und so bedeckte ein frischer weisser Schleier, kaum mehr als zwei Finger hoch, den Boden. Noch bei Dunkelheit, gleich nach Laudes, hatten wir talabwärts in einem Dorf die Messe ge Dieser Lauftext ist in Gill Sans Light 10/12 Pt gesetzt. Eine Zeile hat um die 40 Anschläge. DarumFlattersatz. ber. In der Nac es ein wenig geschneit, und so bedeckte ein frischer weisser Schleier, kaum mehr als zwei Finger hoch, den Boden. Noch bei

Dieser Lauftext ist in Gill Sans Light 10/12 Pt gesetzt. Eine Zeile hat um die 40 Anschläge. Darum Flattersatz. ber. In der Nac es ein wenig geschneit, und so bedeckte ein frischer weisser Schleier, kaum mehr als zwei Finger hoch, den Boden. Noch bei Dunkelheit, gleich nach Laudes, hatten wir talabwärts in einem Dorf die Messe ge Dieser Lauftext ist in Gill Sans Light 10/12 Pt gesetzt. Eine Zeile hat um die 40 Anschläge. DarumFlattersatz. ber. In der Nac es ein wenig geschneit, und so bedeckte ein frischer weisser Schleier, kaum mehr als zwei Finger hoch, den Boden. Noch bei

Ein Kästchentext soll auffallen und ist deshalb ebenfalls in der 12 Gill Regular Neue Light Condensed gesetzt. Ein Kästchentext soll auffallen und ist deshalb ebenfalls in der 12 Gill Regular Neue Light Condensed gesetzt.

Dieser Lauftext ist in Gill Sans Light 10/12 Pt gesetzt. Eine Zeile hat um die 40 Anschläge. DarumFlattersatz. ber. In der Nac

Dieser Lauftext ist in Gill Sans Light 10/12 Pt gesetzt. Eine Zeile hat um die 40 Anschläge. DarumFlattersatz. ber. In der Nac es ein wenig geschneit, und so bedeckte ein frischer weisser Schleier, kaum mehr als zwei Finger hoch, den Boden. Noch bei Dunkelheit, gleich nach Laudes, hatten wir talabwärts in einem Dorf die Messe ge Dieser Lauftext ist in Gill Sans Light 10/12 Pt gesetzt. Eine Zeile hat um die 40 Anschläge. DarumFlattersatz. ber. In der Nac es ein wenig geschneit, und so bedeckte ein frischer weisser Schleier, kaum mehr als zwei Finger hoch, den Boden. Noch bei

Spaltentitel in GillSansRegular

Dieser Lauftext ist in Gill Sans Light 10/12 Pt gesetzt. Eine Zeile hat um die 40 Anschläge. DarumFlattersatz. ber. In der Nac es ein wenig geschneit, und so bedeckte ein frischer weisser Schleier, kaum mehr als zwei Finger hoch, den Boden. Noch bei Dunkelheit, gleich nach Laudes, hatten wir talabwärts in einem Dorf die Messe ge Dieser Lauftext ist in Gill Sans Light 10/12

Titel und Text

Die ganze auffällige Typografie ist in Gill Sans gesetzt.

Der grosse Titel ist extrafett und negativ im schwarzen Feld in der mittleren Spalte.

Aussagekräftige Kernsätze aus dem Lauftext in extrafetter Schrift laden ein, den ganzen Text zu lesen.

Spaltentitel in GillSansRegular

Dieser Lauftext ist in Gll Sans Light 10/12 Pt gesetzt. Eine Zeile hatum die 40 Anschläge. DarumFlattersatz. ber. In der Nac es ein wenig geschneit, und so bedeckte ein frischer weisser Schleier, kaum mehr als zwei Finger hoch, den Boden. Noch bei Dunkelheit, gleich nach Laudes, hatten wir talabwärts in einem Dorf die Messe ge

Spaltentitel in GillSansRegular

Dieser Lauftext ist in Gill Sans Light 10/12 Pt gesetzt. Eine Zeile hatum die 40 Anschläge. DarumFlattersatz. ber. In der Nac es ein wenig geschneit, und so bedeckte ein frischer weisser Schleier, kaum mehr als zwei Finger hoch, den Boden. Noch bei Dunkelheit, gleich nach Laudes, hatten wir talabwärts in einem Dorf die Messe ge

Kernsätze von zwei bis drei Zeilen in Gill Sans extrafett einschieben.

Dieser Lauftext ist in Gil Sans Light 10/12 Pt gesetzt. Eine Zeile hatum die 40 Anschläge. DarumFlattersatz. ber. In der Nac es ein wenig geschneit, und so bedeckte ein frischer weisser Schleier, kaum mehr als zwei Finger hoch, den Boden. Noch bei Dunkelheit, gleich nach Laudes, hatten wir talabwärts in einem Dorf die Messe gehört. Dann waren wir aufgebrochen, um beim rsten Tageslicht in die Berge zu gehen.

Extrem grosser Titeltit

Dieser Lauftext ist in Gill Sans Light 10/12 Pt gesetzt. Eine Zeile hatum die 40 Anschläge. DarumFlattersatz. ber. In der Nac es ein wenig geschneit, und so bedeckte ein frischer weisser Schleials zwei Finger hoch, den Boden. Noch bei Dunkelheit, gleich nach Laudes, hatten wir talabwärts in einem Dorf die Messe gehört. Dann waren wir aufgebrochen, um beim rsten Tageslicht in die Berge zu gehen. Als wir den steilen Pfad erklommen, der sich die Hänge hinaufwand, sah ich zum erstenmal die Abtei. Nicht iüberraschten mich, sie glichen den die ich allerorten in der christlichen Welt gesehen, sondern die Massigkeit dessen, was sich später als das

Kernsätze von zwei bis drei Zeilen in Gill Sans extrafett einschieben.

Dieser Lauftext ist in Gill Sans Light 10/12 Pt gesetzt. Eine Zeile hatum die 40 Anschläge. DarumFlattersatz. ber. In der Nac es ein wenig geschneit, und so bedeckte ein frischer weisser Schleier, kaum mehr als zwei Finger hoch, der Boden. Noch bei Dunkelheit, gleich nach Laudes, hatten wir talabwärts in einem Dorf die Messe ge

Kernsätze von zwei bis drei Zeilen in Gill Sans extrafett einschieben.

Dieser Lauftext ist in Gill Sans Light 10/12 Pt gesetzt. Eine Zeile hatum die 40 Anschläge. DarumFlattersatz. ber. In der Nac es ein wenig geschneit, und so bedeckte ein frischer weisser Schleials zwei Finger hoch, den Boden. Noch bei Dunkelheit, gleich nach Laudes, hatten wir talabwärts in einem Dorf die Messe gehört. Dann waren wir aufgebrochen, um beim rsten Tageslicht in die Berge zu gehen. Als wir den steilen Pfad erklommen, der sich die Hänge hinaufwand, sah ich zum erstenmal die Abtei. Nicht iüberraschten mich, sie glichen den die ich allerorten in der christlichen Welt gesehen, sondern die Massigkeit dessen, was sich später als das

Spaltentitel in GillSansRegular

Dieser Lauftext ist in Gill Sans Light 10/12 Pt gesetzt. Eine Zeile hatum die 40 Anschläge. DarumFlattersatz. ber. In der Nac es ein wenig geschneit, und so bedeckte ein frischer weisser Schleier, kaum mehr als zwei Finger hoch, den Boden. Noch bei Dunkelheit, gleich nach Laudes, hatten wi

Titel und Text

Ein sehr kurzer Haupttitel kann in Versalien gesetzt werden.

Ein kleiner Übertitel dient als Vorspann für den Haupttitel.

Schwarzer positiver Kästchen-text auf hellgrauem Hinter-grund ist gut lesbar.
Hellgrau = 20% von Schwarz.

EIN ÜBERTITEL VOR DEM HAUPTTITEL:

HAUPTTITEL IN VERSALIEN

Dieser Lauftext ist in Eurostile-Regular gesetzt.Eine Zeile hat um die 33 Anschläge. Darum Flattersatz. ber. In der Nac es ein wenig geschneit, und so edeckte ein frischer weisserei-ekaum mehrals zwei Finger hoch,den Boden. Noch beiDu kelheit, gleich nach Laudes, hat-talabwärts in einem Dorf die Messe gehört. Dann waren wir aufgebrochen, um beim ersten Tageslicht in die Berge zu gehen. Is wir den steilen Pfad erklommen, der sich die Hänge hinaufwand, sah ich zum erstenmal die Abtei. Nicht üüber-raschten mich, sie glichen den die ich allerorten in der christ-lichen Welt gesehen, sondern die Massigkeit dessen, was sich später als das Aedificium heraus- stellen sollte. Es war ein achteckiger Bau, der aus der Ferne zunächst wie ein

Dieser Lauftext ist in Eurostile-Regular gesetzt.Eine Zeile hat um die 33 Anschläge. Darum Flattersatz. ber. In der Nac es ein wenig geschneit, und so edeckte ein frischer weisserei-ekaum mehrals zwei Finger hoch,den Boden. Noch bei Dun-kelheit, gleich nach Laudes, hat-talabwärts in einem Dorf die Messe gehört. Dann waren

Titel in Gill Sans Regular

Ein Kästchentext soll auffallen und ist deshalb ebenfalls in der 12 Gill Regu-lar Neue Light Condensed gesetzt. Ein Kästchentext soll auffallen und ist deshalb ebenfalls in der 12 Gill Regu-lar Neue Light Condensed gesetzt. Ein Kästchentext soll auffallen und ist deshalb ebenfalls in der 12 Gill Regu-lar Neue Light Condensed gesetzt. Ein Kästchentext soll auffallen und ist deshalb ebenfalls in der 12 Gill Regu-lar Neue Light Condensed gesetzt.

Dieser Lauftext ist in Eurostile-Regular gesetzt.Eine Zeile hat um die 33 Anschläge. Darum Flattersatz. ber. In der Nac es ein wenig geschneit, und so edeckte ein frischer weisserei-ekaum mehrals zwei Finger hoch,den Boden. Noch beiDu kelheit, gleich nach Laudes, hat-talabwärts in einem Dorf die Messe gehört. Dann waren wir aufgebrochen, um beim ersten Tageslicht in die Berge zu gehen. Is wir den steilen Pfad erklommen, der sich die Hänge hinaufwand, sah ich zum erstenmal die Abtei. Nicht üüber-raschten mich, sie glichen den die ich allerorten in der christ-lichen Welt gesehen, sondern die Massigkeit dessen, was sich später als das Aedificium heraus- stellen sollte. Es war ein achteckiger Bau, der aus der Ferne zunächst wie ein

Titel und Text

Eine verbal originelle Titelaus-
sage kann extrem lang sein.
Eine Antiquaschrift ist lesbarer
als eine Grotesk.
Titel in fetter Garamond-Antiqua.

Laufsatz in Garamond Regular,
links bündig, rechts Flattersatz.

Aus speziellem Anlass darf ein Haupttitel auch einmal dominant und ziemlich lang sein. Garamond Premier Pro

Dieser Lauftext ist gesetzt in Garamond PremierPro Regular 14/17Pt. Eine Zeile hat etwa 50 Anschläge, darum kein Blocksatz sondern Flattersatz rechts. Dieser Lauftext ist gesetzt in Garamond PremierPro Regular 14/17Pt. Eine Zeile hat etwa 50 Anschläge, darum kein Blocksatz sondern Flattersatz rechts. Dieser Lauftext ist gesetzt in Garamond PremierPro Regular 14/17Pt. Eine Zeile hat etwa 50 Anschläge, darum kein Blocksatz sondern Flattersatz rechts.

Spaltentitel in GaramondPremier

Dieser Lauftext ist gesetzt in Garamond PremierPro Regular 14/17Pt. Eine Zeile hat etwa 50 Anschläge, darum kein Blocksatz sondern Flattersatz rechts. Dieser Lauftext ist gesetzt in Garamond PremierPro Regular 14/17Pt. Eine Zeile hat etwa 50 Anschläge,

Dieser Lauftext ist gesetzt in Garamond PremierPro Regular 14/17Pt. Eine Zeile hat etwa 50 Anschläge, darum kein Blocksatz sondern Flattersatz rechts. Dieser Lauftext ist gesetzt in Garamond PremierPro Regular 14/17Pt. Eine Zeile hat etwa 50 Anschläge, darum kein Blocksatz sondern Flattersatz rechts.

Spaltentitel in Garamond Premier

Dieser Lauftext ist gesetzt in Garamond PremierPro Regular 14/17Pt. Eine Zeile hat etwa 50 Anschläge, darum kein Blocksatz sondern Flattersatz rechts. Dieser Lauftext ist gesetzt in Garamond PremierPro Regular 14/17Pt. Eine Zeile hat etwa 50 Anschläge, darum kein Blocksatz sondern Flattersatz rechts. Dieser Lauftext ist gesetzt in Garamond PremierPro Regular 14/17Pt. Eine Zeile hat etwa 50 Anschläge,

Titel und Text

04.8

Wenn das Thema dazu einlädt und der Titel kurz ist, kann er auch extravagant platziert werden.

Titel: Futura Bold versal
Text: Futura Book

Dieser Lauftext ist in gesetzt. Eine Zeile h ge. DarumFlattersa es ein wenig gesch ein frischer weisser als zwei Finger hoc beiDunkelheit, gl h Dorf die Messe ge in FuturaBook 10/12 Pt gesetzt. Eine ile ha tum die 40 Anschläge. DarumFlar tz. In der Nacht hattees ein wenig gehneit, und so bedeckte ein frischer weisserchleier, kaum mehrals zwei Finger en Boden. Noch beiDunkelheit, gl hattalabwärts in einem Dorf die Messe gehört.ser Lauftext ist in FuturaBook 10/12 Pt gesetzt.

Dieser Lauftext ist in FuturaBook 10/12 Pt gesetzt. Eine Zeile hatum die 40 Anschläge. DarumFlattersatz. In der Nacht hatte es ein wenig geschneit, und so bedeckte ein frischer weisser Schleier, kaum mehr als zwei Finger hoch, den Boden. Noch beiDunkelheit, gl hattalabwärts in einem Dorf die Messe gehört. Dieser Lauftext st in FuturaBook 10/12 Pt gesetzt. Eine ile ha tum die 40 Anschläge. DarumFlar tz. In der Nacht hattees ein wenig gehneit, und so bedeckte ein frischer weisserchleier, kaum mehrals zwei Finger en Boden. Noch beiDunkelheit, gl hattalabwärts in einem Dorf die Messe gehört.ser Lauftext ist in FuturaBook 10/12 Pt gesetzt.

Dieser Lauftext ist in FuturaBook 10/12 Pt gesetzt. Eine Zeile hatum die 40 Anschläge. DarumFlattersatz. In der Nacht hatte es ein wenig geschneit, und so bedeckte ein frischer weisser Schleier, kaum mehr als zwei Finger hoch, den Boden. Noch beiDunkelheit, gl hattalabwärts in einem Dorf die Messe gehört. Dieser Lauftext st in FuturaBook 10/12 Pt gesetzt. Eine ile ha tum die 40 Anschläge. DarumFlar tz. In der Nacht hattees ein wenig gehneit, und so bedeckte ein frischer weisserchleier, kaum mehrals zwei Finger en Boden. Noch beiDunkelheit, gl hattalabwärts in einem Dorf die Messe gehört.ser Lauftext ist in FuturaBook 10/12 Pt gesetzt.

Titel und Text

Der verformte Titel visualisiert
das Thema der Geschichte.

Durchstarten zum Looping

Dieser Lauftext ist in der Futura Light Condensed, 12/14 Pt gesetzt. Eine Zeile hat 65 Anschläge, darum ist Blocksatz möglich. Dieser Lauftext ist in der Futura Light Condensed, 12/14 Pt gesetzt. Eine Zeile hat 65 Anschläge, darum ist Blocksatz möglich.Dieser Lauftext ist in der Futura Light Condensed, 12/14 Pt gesetzt. Eine Zeile hat 65 Anschläge, darum ist locksatz möglich. Dieser Lauftext ist in der Futura Light Condensed,12/14 Pt gesetzt. Eine Zeile hat 65 Anschläge, darum ist Blocksatzöglich.Dieser Lauftext ist in der Futura Light Condensed, 12/14 Pt gesetzt. EineZeile

Dieser Lauftext ist in der Futura Light Condensed, 12/14 Pt gesetzt. Eine Zeile hat 65 Anschläge, darum ist Blocksatz möglich. Dieser Lauftext ist in der Futura Light Condensed, 12/14 Pt gesetzt. Eine Zeile hat 65 Anschläge, darum ist Blocksatz möglich.Dieser Lauftext ist in der Futura Light Condensed, 12/14 Pt gesetzt. Eine Zeile hat 65 Anschläge, darum ist locksatz möglich. Dieser Lauftext ist in der Futura Light Condensed,12/14 Pt gesetzt. Eine Zeile hat 65 Anschläge, darum ist Blocksatzöglich.Dieser Lauftext ist in der Futura Light Condensed, 12/14 Pt gesetzt. EineZeile

Dieser Lauftext ist in der Futura Light Condensed, 12/14 Pt gesetzt. Eine Zeile hat 65 Anschläge, darum ist Blocksatz möglich. Dieser Lauftext ist in der Futura Light Condensed,12/14 Pt gesetzt. Eine Zeile hat 65 Anschläge, darum ist Blocksatz möglich.Dieser Lauftext ist in der Futura Light Condensed, 12/14 Pt gesetzt. Eine Zeile hat 65 Anschläge, darum ist locksatz möglich. Dieser Lauftext ist in der Futura Light Condensed,12/14 Pt gesetzt. Eine Zeile hat 65 Anschläge, darum ist Blocksatzöglich.Dieser Lauftext ist in der Futura Light Condensed, 12/14 Pt gesetzt. EineZeile

Layout

Layout im typografischen Sinn
nennt man die Aufteilung
eines gegebenen Satzspiegels
in Titel, Untertitel, Text,
Abbildungen und Legenden.

Ein Layout kann streng nach
einem Layout-Raster oder
völlig frei gestaltet werden.

Spalte und Steg

05.1

Text ordnet man in Spalten.
Ein Layout kann ein-, zwei oder
mehrspaltig aufgeteilt sein.

Den senkrechten Zwischen-
raum zwischen den Spalten
nennt man Steg.

Teilt man eine Satzspiegelbreite
in wenige Spalten, werden
die einzelnen Spalten breiter.
Der Text wird besser lesbar.
Trennungen werden vermieden.

Teilt man eine Satzspiegelbreite
in mehr Spalten, werden die einzelnen Spalten schmaler.
Der Text ist schlechter lesbar.
Es ergeben sich Trennungen.

Einspaltig

Zweispaltig

Steg

Dreispaltig

Steg   Steg

Vierspaltig

Steg   Steg   Steg

Layout
05.2

Dreispaltiges Layout
Beschränkte Bildbreitevarianten

Fünfspaltiges Layout
Mehr Bildbreitevarianten

Haupttitel Head HelveticaBoldc

Helvetica Medium Untertitel Subhead

Es war ein klarer spätherbstlicher Morgen gegen Ende November. In der Nacht hatte es ein wenig geschneit, und so bedeckte ein frischer weisser Schleier, kaum mehr als zwei Finger hoch, den Boden. Noch bei Dunkelheit, gleich nach Laudes, hatten wir talabwärts in einem Dorf die Messe gehört. Dann waren wir aufgebrochen, um beim ersten Tageslicht in die Berge zu gehen. Als wir den steilen Pfad erklommen, der sich die Hänge hinaufwand, sah ich zum erstenmal die Abtei. Nicht ihre Mauern überraschten mich, sie glichen den anderen, die ich allerorten in der christlichen Welt gesehen, sondern die Massigkeit dessen, was sich später als das Aedificium herausstellen sollte. Es war ein achteckiger Bau, der aus der Ferne zunächst wie ein Viereck aussah. Seine Südflanke ragte hoch über das Plateau der Abtei, während die Nordmauern unmittelbar aus dem Berghang zu wachsen schienen gleich schräg im Fels verwurzelten Bäumen.

Es war ein klarer spätherbstlicher Morgen gegen Ende November. In der Nacht hatte es ein wenig geschneit, und so bedeckte ein frischer weisser Schleier, kaum mehr als zwei Finger hoch, den Boden. Noch bei Dunkelheit, gleich nach Laudes, hatten wir talabwärts in einem Dorf die Messe gehört.

Es war ein klarer spätherbstlicher Morgen gegen Ende November. In der Nacht hatte es ein wenig geschneit, und so bedeckte ein frischer weisser Schleier, kaum mehr als zwei Finger hoch, den Boden. Noch bei Dunkelheit, gleich nach Laudes, hatten wir talabwärts in einem Dorf die Messe gehört.

Zweispaltiges Bild

Einspaltiges Bild

Einspaltiges Bild

Es war ein klarer spätherbstlicher Morgen gegen Ende November. In der Nacht hatte es ein wenig geschneit, und so bedeckte ein frischer weisser Schleier, kaum mehr als zwei Finger hoch, den Boden. Noch bei Dunkelheit, gleich nach Laudes, hatten wir talabwärts in einem Dorf die Messe gehört.

Es war ein klarer spätherbstlicher Morgen gegen Ende November. In der Nacht hatte es ein wenig geschneit, und so bedeckte ein frischer weisser Schleier, kaum mehr als zwei Finger hoch, den Boden. Noch bei Dunkelheit, gleich nach Laudes, hatten wir talabwärts in einem Dorf die Messe gehört. Dann waren wir aufgebrochen, um beim ersten Tageslicht in die Berge zu gehen. Als wir den steilen Pfad erklommen, der sich die Hänge hinaufwand, sah ich zum erstenmal die Abtei. Nicht ihre Mauern überraschten mich, sie glichen den anderen, die ich allerorten in der christlichen Welt gese

Haupttitel Times New Roman

Times Italic Untertitel Subhead

Es war ein klarer spätherbstlicher Morgen gegen Ende November. In der Nacht hatte es ein wenig geschneit, und so bedeckte ein frischer weisser Schleier, kaum mehr als zwei Finger hoch, den Boden. Noch bei

Einspaltiges Bild

Zweispaltiges Bild

Einspaltiges Bild

Einspaltiges Bild

Einspaltiges Bild

Dreispaltiges Bild

Einspaltiges Bild

Layout-Raster

05.3

Der Layout-Raster dient der einheitlichen Gestaltung verschiedner Seiten mit unterschiedlicher Textmenge und Anzahl der Bilder.

1. Die Randbeiten bestimmen: oben, unten, innen und aussen. Der verbleibende Innenraum heisst Satzspiegel.

2. Die drei Textspalten halbieren, das ergibt sechs Bildspalten. Darin sind verschiedene Bildformate möglich.

3. Die Satzspiegelhöhe in acht gleiche Teile gliedern.
Oben: Haupttitel und Untertitel
Rest: Text und Bilder.

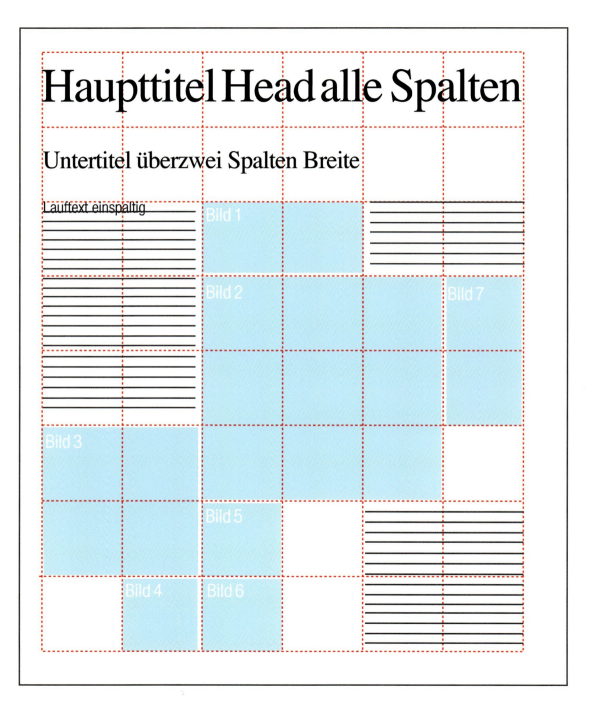

Textdominantes Layout

05.4

Textdominantes, fünfspaltiges Layout einer rechtsliegenden Seite.

Links (innen) zwei breite Doppelspalten für den Lauftext.

Rechts (aussen) eine Spalte für kleine Vignettebilder. Bei einer linksliegenden Seite ist alles spiegelverkehrt.

Vom unteren Satzspiegelrand fünfmal die Breite der Bildspalte nach oben abtragen: Das ergibt die Höhe für den Lauftext. Der obere Raum ist bestimmt für den Haupt- und den Untertitel.

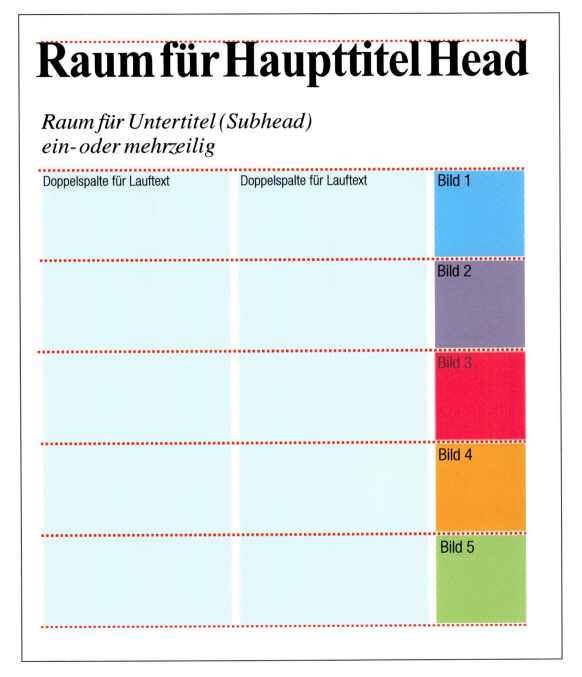

Raum für Haupttitel Head

Raum für Untertitel (Subhead)
ein- oder mehrzeilig

Doppelspalte für Lauftext   Doppelspalte für Lauftext   Bild 1

Bild 2

Bild 3

Bild 4

Bild 5

Bilddominantes Layout

05.5

Eine weitere Layoutvariante einer rechtsliegenden Seite. Diesmal dominieren die Bilder. Gestaltet auf drei gleichgrossen Spalten. Die linken zwei Drittel der Seite sind ein-oder zweispaltige Bilder.

Die dritte, rechts aussen liegende Spalte umfasst den Titel, den Lauftext und eine Vignette.

Bild

Bild

Bild

Bild

Haupttitel besteht aus drei Zeilen

Lauftext links bündig und rechts Flattersatz Lauftext links bündig und rechts Flattersatz Lauftext links bündig und rechts Flattersatz Lauftext links bündig und rechts Flattersatz

Lauftext links bündig und rechts Flattersatz Lauftext links bündig und rechts Flattersatz Lauftext links bündig und rechts Flattersatz Lauftext links bündig und rechts Flattersatz

Layout doppelseitig

05.6

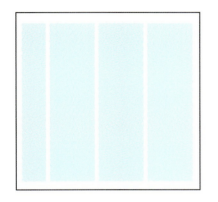

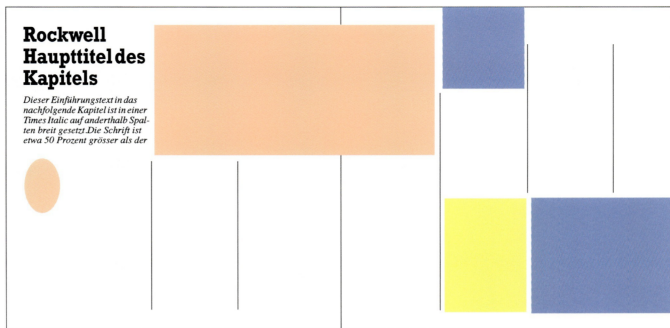

**Rockwell
Haupttitel des
Kapitels**

*Dieser Einführungstext in das
nachfolgende Kapitel ist in einer
Times Italic auf anderthalb Spalten breit gesetzt. Die Schrift ist
etwa 50 Prozent grösser als der*

Ausgehend von einem Satzpiegel
mit drei- und einer halben Spalte
sind diese Doppelseiten aufgebaut.
Die halbe Spalte liegt aussen.

Dieses Layout hat einen ordnenden
Grundraster, der viel Freiraum für
die Gestaltung lässt.

Freies Layout

05.7

Layout einer Doppelseite, ohne Spalteneinteilung.

Die drei freien Farbformen und die kleinen Quadrate könnten Fotos oder Zeichnungen sein.

Die Typografie hat einen sehr grossen Haupttitel und drei Untertitel, ein paar Haupttexte und einige Untertexte.

Grosszügiges Layout mit viel Leerraum.

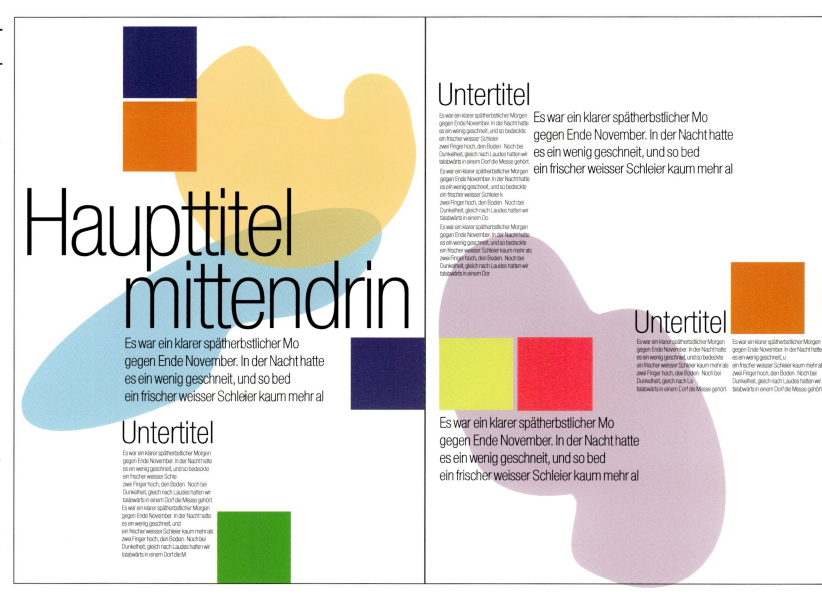

Bildlayout

05.8

Quadratisches Layout, ausschliesslich mit Fotos.
Der Abstand zwischen den Fotos (= weisse Filets) ist sehr schmal gehalten. Deshalb bilden die fünf Fotos eine neue, grosse Überform. Das beruhigt das Bildlayout.

Die Bewegungs- und die Blickrichtungen der Figuren sind einander zugewandt und nie nach aussen gerichtet.

Dynamisches Layout
05.9

Ausnahmen bestätigen auch hier die Regel:

Um die Dynamik zu steigern, fahren die fünf Autos nicht zum Crash ins Zentrum, sondern starten auseinander.

Welche Schrift?

Eine Übersicht
passender Titelschriften,
Lauftextschriften,
Legendenschriften,
Anordnungen,
Spaltenbreiten,
für verschiedene
Anwendungsgebiete.

Mode Kosmetik Wellness

06.1

Für Mode, Kosmetik und Wellness der eher sportlichen Art eignet sich die schmale American Typewriter. Die Schrift ist gut lesbar und platzsparend. Für Mode, Kosmetik und Wellness der eher sportlichen Art eignet sich die schmale American Typewriter. Die Schrift ist gut lesbar und platzsparend. Für Mode, Kosmetik und Wellness der eher sportlichen Art eignet sich die schmale American

TITEL

Für Mode, Kosmetik und Wellness der eher sportlichen Art eignet sich die schmale American Typewriter. Die Schrift ist gut lesbar und platzsparend.
Für Mode, Kosmetik und Wellness der eher sportlichen Art eignet sich die schmale American Typewriter. Die Schrift ist gut lesbar und platzsparend.
Für Mode, Kosmetik und Well-

TITELSCHRIFT

Für Mode, Kosmetik und Wellness eignet sich eine leichte, schlanke Grotesk wie diese Helvetica Neue Ultra Light Condensed sehr gut. Im Gegensatz zur Schlankheit der Schrift steht die Breite der Spalte.

Headline

Titel

Diese Times New Roman ist um 50% hochverzogen. Die Schrift wird dadurch eleganter. Diese Times New Roman ist um 50% hochverzogen. Die Schrift wird dadurch eleganter. Diese Times New Roman ist um 50% hochverzogen. Die Schrift wird dadurch eleganter. Diese Times New Roman ist um 50% hochverzogen. Die Schrift wird dadurch eleganter. Diese Times New Roman ist um 50% hochverzogen. Die Schrift wird dadurch eleganter. Diese Times New Roman ist um 50% hochverzogen. Die Schrift wird dadurch eleganter.

Für Mode, Kosmetik und Wellness eignet sich die Frutiger Light Italic. Diese elegante kursive Grotesk ist gut lesbar und besitzt eine individuelle Dynamik.

Architektur und Design

06.2

Für Architektur und Design eignet sich eine leichte Egyptienne wie die American Typewriter als Lauftext. Für Architektur und Design eignet sich eine leichte Egyptienne wie die American Typewriter als Lauftext. Für Architektur und Design eignet sich eine leichte Egyptienne wie die American Typewriter als Lauftext. Für Architektur und Design eignet sich eine leichte Egyptienne wie die American Typewriter als Lauftext. Für Architektur und Design eignet sich eine leichte

Kleine Textmengen als Marginalien in FrutigerBoldCond. Kleine Textmengen als Marginalien in FrutigerBoldCond.

Headline

TITELSCHRIFT

Für Architektur und Designeignet sich die Myriad Pro Regular gut
für Lauftext in den Graden10-14Pt.
Für Architektur und Designeignet sich die Myriad Pro Regular gut
für Lauftext in den Graden10-14Pt.
Für Architektur und Designeignet sich die Myriad Pro Regular gut
für Lauftext in den Graden10-14Pt.
Für Architektur und Designeignet sich die Myriad Pro Regular gut
für Lauftext in den Graden10-14Pt.
Für Architektur und Designeignet sich die Myriad Pro Regular gut

eadline

Für Architektur und Design eignet sich die Frutiger Light als Lauftext von 9 bis 18 Punkt wie auch als Titelschrift. Für Architektur und Design eignet sich die Frutiger Light als Lauftext von 9 bis 18 Punkt wie auch als Ti

Titelschrift

Für Architektur /Design eignet sich Futura Light Condensed als Lauftext bei relativ schmalen Spalten. In den grösseren Graden ist sie auch eine gute Titelschrift. Für Architektur /Design eignet sich Futura Light Condensed als Lauftext bei relativ schmalen Spalten. In den grösseren Graden ist sie auch eine gute Titelschrift. Für Architektur /Design eignet sich Futura Light Condensed als Lauftext bei relativ schmalen Spalten. In den grösseren Graden ist sie auch eine gute Titelschrift.

Für Architektur und Design eignet sich die Arial Regular mit75% Schmalverzug als Laufschrift Für Architektur und Design eignet sich die Arial Regular mit75%

Kulinarisches und Drinks

06.3

Futuratitel

Für Kulinarisches,Cocktails,Weine und Spirituosen eignet sich diese Baskerville Old Face Regular sowohl als Lauftext wie auch als Titelschrift. Für Kulinarisches,Cocktails,Weine und Spirituosen eignet sich diese Baskerville Old Face Regular sowohl als Lauftext wie auch als Titelschrift. Für Kulinarisches,Cocktails,Weine und Spirituosen eignet sich diese Baskerville Old Face Regular sowohl als Lauftext wie auch als Titelschrift. Für Kulinarisches,Cocktails,Weine

Weine und Spirituosen eignet sich die Arial Narrow Bold. Ein kurzer Text kann einmal negativ auf dunkel stehen.

Für KulinarischesCocktails, Weine und Spirituosen eignet sich die Arial Narrow Bold. Ein kurzer Text kann einmal negativ auf dunkel stehen. Für KulinarischesCocktails, Weine und Spirituosen eignet sich die Arial Narrow Bold. Ein kurzer Text kann einmal negativ auf dunkel stehen.

KAPITÄLCHENTITEL

Für Kulinarisches,Cocktails,Weine und Spirituosen eignet sich die Century Schoolbook Regular sowohl als Lauftext wie auch als Titelsatzschrift. Für Kulinarisches,Cocktails,Weine und Spirituosen eignet sich die Century Schoolbook Regular sowohl als Lauftext wie auch als Titelsatzschrift.

TitelCooper

Für Kulinarisches,Cocktails,Weine und Spirituosen eignet sich diese Futura Light sowohl als Lauftext wie als Titelschrift Für Kulinarisches,Cocktails,Weine und Spirituosen eignet sich diese Futura Light sowohl als Lauftext wie als Titelschrift Für Kulinarisches,Cocktails,Weine und Spirituosen eignet sich diese Futura Light sowohl als Lauftext wie als Titelschrift

Titel Helvetica

Für Kulinarisches, Cocktails, Weine und Spirituosen eignet sich diese TimesNew Roman Italic als Lauftext und Titel. Für Kulinarisches, Cocktails, Weine und Spirituosen eigne

Legendentexte
in schmalen
Spalten können
in einerhalb-
fetten Grotesk

de Luxe

Legendentexte
in schmalen
Spalten können
in einerhalb-
fetten Grotesk
gesetzt werden.

Für Automobile, Motor-
räder und Flugzeuge
eignet sich die Helvetica
Neue Light Condensed
als Lauftext, besonders
bei sehr schmaler Spalte.
Für Automobile, Motor-
räder und Flugzeuge
eignet sich die Helvetica
Neue Light Condensed
als Lauftext, besonders

Motorräder

Für sportliche, robuste Motorrädernd
Automobile eignet sich die sportlich-
dynamische FuturaBook Oblique als

Exklusive Automobile verwenden
für kurze Texte eine Helvetica Thin
ausnahmsweise als Negativsatz.
Exklusive Automobile verwenden
für kurze Texte eine Helvetica Thin
ausnahmsweise als Negativsatz.

Für Automobile, Motorräder
und Flugzeuge eignet sich
die Frutiger Roman als Lauftext und auch als Titelschrift.
Für Automobile, Motorräder
und Flugzeuge eignet sich
die Frutiger Roman als Lauftext und auch als Titelschrift.
Für Automobile, Motorräder
und Flugzeuge eignet sich
Für Automobile, Motorräder

Für schnelle Automobile ist die Helvetica Neue Ultra Light Oblique eine
geeignete Schrift als Lauftext. Das Kursive gibt ihr die nötige Dynamik.
Für schnelle Automobile ist die Helvetica Neue Ultra Light Oblique eine

TRAJANTITEL

Edle Automobile verwenden eine klassische
Antiqua-Schrift und mitten sie zudem
ein, um ihr Traditionsbewusstsein zu betonen.

Automobile

Verformen

Bevor man eine Schrift
verformt, vergewissere
man sich, ob nicht eine gewünschte Version besteht.

Gerade verformen

07.1

Eine Schrift kann man

positiv/negativ kopieren
konturieren
in der Höhe verziehen
in der Breite verziehen
spationieren
unterschneiden
vorwärts kursiv stellen
rückwärts kursiv stellen
grau /farbig kopieren

Verformen macht die Schrift
eigenwillig und charaktervoll,
aber schlecht lesbar.
Verformte Schriften nur sparsam anwenden!

Verkrümmen

07.2

Mit der Verzerrungshülle kann
man Verkrümmungen erstellen:
Wort setzen und aktivieren

➡ Objekt ➡ Verzerrungshülle

➡ mit Verkrümmung erstellen

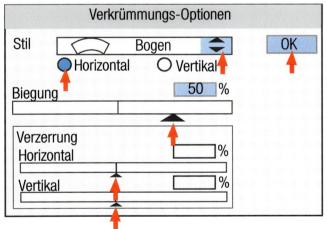

Option wählen
Laufrichtung eingeben
Biegungsprozent
symmetrisch/asymmetrisch

Verformen mit Effekt

07.3

Mit Effekt/Verzerrungsfilter
1. Glas
2. Ozeanwellen

Mit Objekt/Verzerrungshülle
mit Verkrümmung erstellen
3./4. Flagge

Mit Effekte/Stilisierungsfilter
5. Scribble.

Mit Effekt/Verzerrungs- und
Transformationsfilter
6. Tweak

Mit Filter/Verzerrungshülle
mit Gitter erstellen
7. mit weissem Pfeil einzelne
Anker verschieben.

Verzerrungshülle

07.4

Farbige Komposition mit dem verformten Wort «Wasser»

Wort setzen **Wasser**

hochverziehen **Wasser**

Farbe einziehen **Wasser**

Verzerrungshülle mit Verkrümmung erstellen **Wasser**

Komposition Hintergrund einziehen

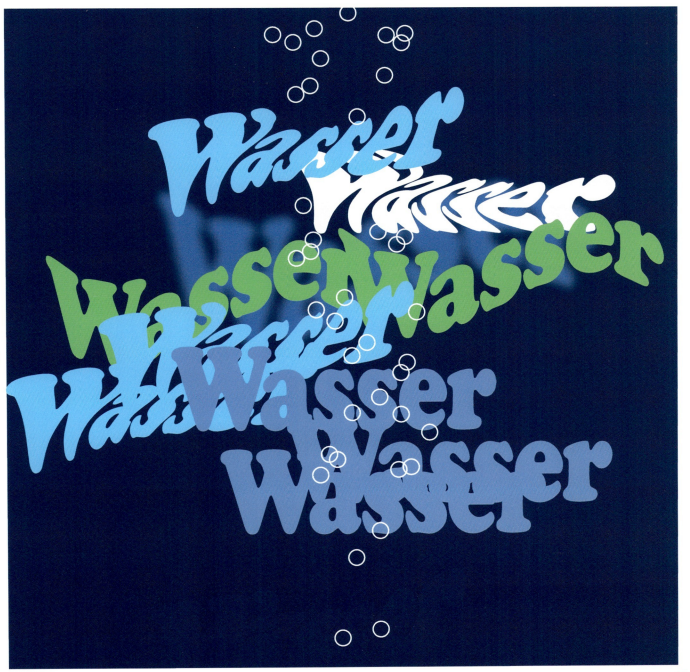

Verzerrungshülle

07.5

Ein Wort kann bis an die Grenze der Unlesbarkeit verformt werden, wenn es der ausdrucksstarken Visualisierung des Themas dient.

Wort setzen, aktivieren
Verzerrungshülle mit Gitter
verbiegen/verkrümmen
Farbe einziehen
komponieren
Hintergrund einziehen

Explosion

Verkrümmen

07.6

Beim Wort FLIEGEN wurden
Versalien gewählt, um eine
geschlossene Fläche, ohne
Ober- und Unterlängen, als
Grundform für das Verfomen
zu erhalten.

Wort setzen, aktivieren
Farbe weiss einziehen
Verkrümmen, komponieren

Hochverziehen

07.7

Schreibschrift,
jedes Wort in eigenes Textfeld
Hochverziehen
Kursiv-Schräge verändern
Ovale Fläche mit Farbverlauf
Schriften einfärben
Schriften im Oval platzieren

Verzerrungshülle

07.8

Das Wort «Feuer» setzen

Vier Kopien machen

Farben einziehen

Verzerrungshülle «mit Gitter»
und verformen

Skalieren

Drehen und komponieren

Schwarzen Grund unterlegen

Verformen

07.9

Das Wort «Eiszapfen» setzen
Verformen
Drei Kopien davon
Erste Kopie: vollweiss einfärben
Zweite Kopie: blau einfärben
aufhellen mit Transparenz
Dritte Kopie: weiss transparent
Leicht verschoben
in blauen Verlaufsgrund stellen

Konturiert

Eine Schrift kann aus einer
Kontur allein bestehen

Schrift kann zusätzlich eine
oder mehrere Konturen haben

Konturen sind dick oder dünn
randscharf oder randweich

Verschiedene Konturen

08.1

Wort setzen, 48 Pt
Kontur schwarz
Fläche transparent klicken

Steigerung in der Konturstärke:
Von 0,5 / 1 / 2 / 4 / 5 / 6 bis 8 Pt
Links: randscharfe Kontur
Rechts: Mit Weichzeichner

konturiert **konturiert**

konturiert konturiert

konturiert konturiert

konturiert konturiert

konturiert konturiert

konturiert konturiert

konturiert konturiert

konturiert konturiert

Negative Kontur

08.2

Mit Rechteckwerkzeug
Hintergrundfläche ziehen.

Konturschrift weiss
negativ auf
Hintergrund stellen.

Rechts: mit Weichzeichner

Farbige Kontur

08.3

1. Wort setzen

2. Wort in die gewünschte Farbe klicken

3. Konturfarbe/Stärke

4. Andere Farben

5. Andere Farben und stärkere Kontur

6. Kontur gelb, 3 Pt, auf transparentem Grund, mit Weichzeichner 3.0 Pt

dann Schrift rot, ohne Kontur, darüberschieben

1 **konturiert**

2 **konturiert**

3 **konturiert**

4 **konturiert**

5 **konturiert**

6 **konturiert**

konturiert

konturiert

konturiert

Asymmetrische Kontur

08.4

Asymmetrische Kontur
ergibt eine plastische Wirkung

1: Text in Handwriting Dakota
4 Pt Kontur, rot, setzen

2: Kopie in Gelb, mit
10 Pt Kontur gelb, im
Hintergrund asymmetrisch
platzieren

3: Dunkelblaue Fläche
im Hintergrund

Kontur zur Gestaltung

08.5

Verändern der Stärke einer gleichfarbigen oder schwarzen Kontur macht die Schrift schlanker oder fetter.

1. Wort setzen: Brush Script Schrift türkis, ohne Kontur

2. Schwarze Kontur 4Pt Schrift wird extrem schlank

3. Türkis Kontur 3Pt dazu Schrift wird ziemlich fett

4. Türkis Kontur 8Pt dazu Schrift wird extrem fett

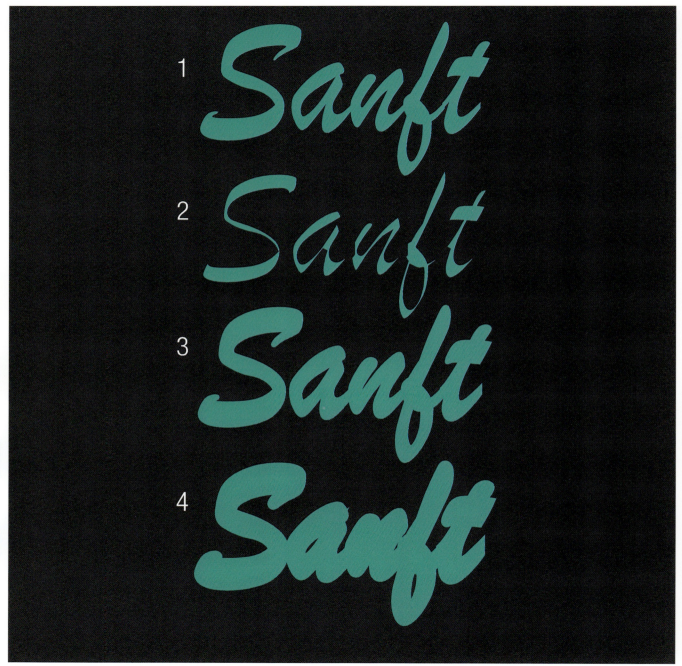

Kontur zur Gestaltung

08.6

1: Schrift, ohne Kontur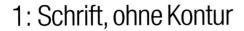

2: Schrift rot, Kontur weiss
3Pt, Schrift wird schlank

3: Schrift /Kontur rot 3Pt,
Schrift wird fett

4: Schrift /Kontur orange
3Pt, Schrift wird fett

5: Schrift violett,
Kontur cyan 5Pt

6: Schrift/Kontur grün
weichzeichnen 8
Separat: Schrift cyan
mit Kontur cyan 8 Pt
darüberschieben

7: Dasselbe: Magentarot
weichzeichnen 7
Schrift transparent 60%

Kontur verdoppeln

08.9

1. Wort setzen in Arial Rounded
Kontur 3 Pt, cyan auf transparent

2. Zwei Kopien: Konturen 3Pt/1Pt
cyan auf transparent
Beide Kopien wenig verschieben

3. Zwei Kopien, Kontur 3Pt
1x cyan, 1x weiss auf transparent
Diagonal wenig verschieben

4. Zwei Kopien, Kontur 0,1Pt
1x türkis, 1x weiss auf transparent
vertikal wenig verschieben

5. Drei Kopien, Kontur weiss 0,5 Pt
auf transparent
verschieben, dass lesbar bleibt

Anwendung Kontur

08.10

1. Wort setzen

2. Schmaler verformen, cyan

3. Konturieren 1Pt

4. Zwei Kopien auf transparent, diagonal verschieben

5. Ornamentale Typografie ist schwer lesbar, darum zusätzlich «Metallbau» setzen

Logo

Das Logo = das Wort
Logo ist die kürzeste verbale
Bezeichnung eines
Unternehmens oder einer
Organisation in einem Wort
ohne AG, GmbH, Ltd,
Das Logo ist sprachneutral

Geschichte des Logos

Das Logo entstand als Herkunfts-bezeichnung vor 2000 Jahren.

1. Logo auf römischer Keramik
2. Initialen eines Fürstenhauses
3. Logo aus drei Initialen
4. Logo aus einer Unterschrift
5. Logo, traditionalistisch

6/9: Moderne Logos haben sehr gut lesbare, etwas eigenwillige Schriften. Bei einigen wurde ein Buchstabe, ein Detail verändert.

Logos sollen stark vergrössert oder verkleinert werden können.

Unsere Beispiele haben fünf bis maximal acht Buchstaben.

1   DAΛO

2

3   WMf

4   *Knorr*

5   Tages Anzeiger

6   BRAun

7   PIRELLI

8   CITROËN⌃

9   olivetti

Logo entwickeln

09.2

Artexpo gestaltet, produziert und vermarktet Kunstausstellungen. Artexpo hat zwei Wortstämme: Art = Kunst , Expo = Ausstellung

1: Die Schreibweise «ArtExpo» mit zwei Majuskeln visualisiert das

2: Das «A» wird klein, um das «E» nicht zu konkurrenzieren

3: «E» in rot wirkt dominanter

4: Für Kulturgüter ist eine Antiqua passender als eine Grotesk

5: «E» wird grösser, dominanter

6: Schrift dunkelblau wirkt edler

7: Fettere Schrift ist besser lesbar in der Verkleinerung

ArtExpo 1

artExpo 2

artExpo 3

artExpo 4

artExpo 5

artExpo 6

artExpo 7

artExpo

Unterschiede

Logoentwicklung «Müller» für
den Blumenladen Müller
die Modeboutique Müller
die Stahlbaufirma Müller

1: Gross/klein oder Versalien?
Gross/klein ist besser lesbar und
bietet mehr Gestaltungsfreiraum.

2: Welche Schriftart, welchen
Schriftschnitt, welche Farbe?
Blumenladen: grün; Modeboutique:
violett; Stahlbaufirma: blau.

3: Ein Merkmal, das unverkennbar
macht und das zur Branche passt?
Eine Blume als ü-Punkte
Kursives, moderotes «M» als Initial
Blaue, dreidimensionale Schrift

Blumenladen

Müller

Modeboutique

Müller

Stahlbaufirma

Müller

Traditions-Logo

09.4

Der Bären in Grüningen ist ein
gepflegter Landgasthof in einem
denkmalgeschützten Gebäude.

Das Logo verwendet die rustikale
Fraktur der Hausbeschriftung.
Es verspricht dem Besucher
familiäre Gastronomie in
historischen Räumlichkeiten.

Um sich von anderen «Bären»
abzugrenzen, ist der renomierte
Ortsname Grüningen sekundär in
das Logo einbezogen worden.

Spielerisches Logo

09.5

Das Tüftel-Labor Einstein ist eine neuartige Werkstatt für Jugendliche: Es vermittelt forschendes und gestalterisches Tüfteln ohne jeden Zeitdruck.

Das Logo zeigt spielerisch-experimentelle Vielfalt durch unterschiedliche Schrifttypen und fröhliche Farbigkeit.

Auch als Schwarzweissversion formal einprägsam.

Verlags-Logo

09.6

Die Edition Quer veröffentlicht Lehrbücher für Quer-Einsteiger auf verschiedenen Gebieten.

1. Versuche mit Schrifttypen

2. Gewählter Handschrifttyp

3. «E» etwas breiter gezogen

4. «E» niedriger, Edition dazu

5. «E» rot, betont Aussprache und visuelle Individualität

6. «E» breiter, eigenwilliger Edition wird besser lesbar

7. Verkleinerungsproben

Tipps zur Gestaltung

Der Begriff Logo stammt aus dem Griechischen.
Logos = das Wort. Das Logo ist die kürzeste Form der Firmenbezeichnung, ohne AG, GmbH oder Ltd.

Ein Logo ist kein Signet. Signet heisst Zeichen. Es stammt
aus der Zeit vor der Schrift. Als Kerbschnitt, Wasserzeichen
und Stempel signierte es die Produkte oder das Eigentum.

Gute Logos haben wenig Buchstaben:
Nestlé, Pirelli, Lindt, Olivetti, Maggi, Audi, Ford, Braun.

Ob in Gross- und Kleinbuchstaben, alles in Versalien oder alles
in Kleinschrift gesetzt, ist die erste Frage bei der Gestaltung.

Schriftart, Schriftfamilie und Schriftschnitt visualisieren den
Geschäftsbereich des Unternehmens.

Eine zusätzliche Eigenwilligkeit braucht das Logo nur,
um sich von gleichen Namen zu unterscheiden.

Briefkopf
10

Ein Briefkopf besteht aus

Logo, falls eines besteht
Slogan, falls eines besteht
Eingetragene Firmenbezeichnung
Geschäftsbereich
Zuständige Person
Vollständige Postanschrift
Fon, Fax, E-Mail, Internet

Briefkopf Standard

10.1

Gebräuchliche Layoutvariante:
Logo
Firmenbezeichnung
Adresse
oben links

Platz für Empfänger oben rechts
Linker Rand: 30mm

Passend für Fenstercouvert
mit Fenster rechts oder
für ein fensterloses Couvert

Briefkopf Standard
10.2

Variante zu 10.1
Firmenbezeichnung und
Adresse auf einer Zeile
Detailangaben in der Fusszeile

Passend für Fenstercouvert
mit Fenster rechts oder links.
Prüfen, ob Firmenzeile nicht
oben im Fenster sichtbar.

Briefkopf Standard

10.3

Gegenstück zu 10.1
Logo
Vollständige Firmenbezeichnung
und die Adresse oben rechts.

Empfängeradresse oben links.

Passend für Fenstercouvert
mit Fenster links oder
für fensterloses Couvert.

Briefkopf konservativ

10.4

Repräsentativer Briefkopf
für ein traditionsbewusstes
Unternehmen.

Eingemittete Typografie.
Versalien der Times New Roman.
Druck: Dunkelblau/dunkelgrau

Passend für fensterloses Couvert.

Briefkopf unkonventionell

10.5

Unkonventioneller Briefkopf für ein Unternehmen im Spielwaren- oder Unterhaltungsbereich. Typografie in verschiedenen Schräglagen. Buntfarbig. Schrift: Comic, hochgezogen.

Für Fenstercouvert rechts oder fensterloses Couvert.

Briefkopf, sehr seriös

10.6

Repräsentativer Briefkopf
eines auf grosse Seriosität
bedachten Unternehmens.

Logo dominant, eingemittet.
Sämtliche Angaben sind unten
zusammengefasst.
Empfängeradresse: rechts
oder links oben.
Druck: Dunkelblau.

Für fensterloses Couvert.

Briefkopf unkonventionell

10.8

Unkonventioneller Briefkopf.
Logo, Firmenbezeichnung,
Adresse und Details
zusammengefasst auf Farbfleck
am rechten Papierrand.

Empfängeradresse links.

Passend für Fenstercouvert
mit Fenster links.

LOGO
Vollständige
Firmenbezeich.
Strasse
Hausnummer
PLZ Ort
Telefon/E-Mail
Bankverbind.

Briefkopf unkonventionell

10.9

Logo oben rechts, vertikal

Firmenbezeichnung
Adresse, Details in schmale
Spalte unten rechts.

Empfängeradresse links.

Passend für Fenstercouvert
mit Fenster links.

LOGO

Vollständige
Firmenbezeich.
Abteilungs
bezeichnung
Strasse
Hausnummer
PLZ Ort
Telefon/E-Mail
Bankverbind.

Bildausschnitt

11

Mit dem richtigen Bildausschnitt optimiert man die Aussagekraft einer Fotografie oder Zeichnung.

Mit Bildausschitten macht man auf Details aufmerksam.

Bildausschnitt Figuren

11.1

Das Bild links ist ein Totale (T)

die Figuren sind vollständig, nicht angeschnitten.

Aus diesem Totale kann man verschiedene Bildausschnitte separieren:

1. Dreiviertelbild, quadratisch
2/2. Einzelperson, schmalhoch
3. Doppelportrait, extrembreit
4. Detailbild, schmalhoch

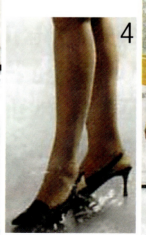

Bildausschitt Landschaft

11.2

Totale

Häuser

Bäume

Aus diesem Totale lassen sich verschiedene Bildausschnitte in Hoch- oder Querformaten bestimmen.

Häuser
Panorama
Bäume
Vordergrund

Panorama

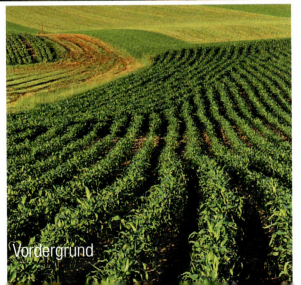

Vordergrund

103

Bildausschnitt Rustico

11.3

Totale

Bildausschitte weisen hin
auf schöne Details dieses
rustikalen Tessinerhauses.

Bambus

Durchblick

Fassade

Panorama

Ziege

Bildausschnitt Architektur

11.4

Aus diesem Bildtotale des historischen Städtchens Erlach am Bielersee sind verschiedene Ausschnitte separiert.

Papierformate

Grundlage eines gelungenen
Layouts ist die Wahl des passenden
Papierformats.

Formate um A4

12.1

Papierformate A4 und ähnliche:

Das ist ein Blatt.
Es hat zwei Seiten.
Seite 1 und Seite 2
(Vorder- & Rückseite)

Die Masse verstehen sich immer
Breite x Höhe (Schweiz).

A3-quer, einmal
gefalzt (vier Seiten).
Die Seiten 1, 2, 3, 4 :
Frontseite, Innen-
seiten, Rückseite.

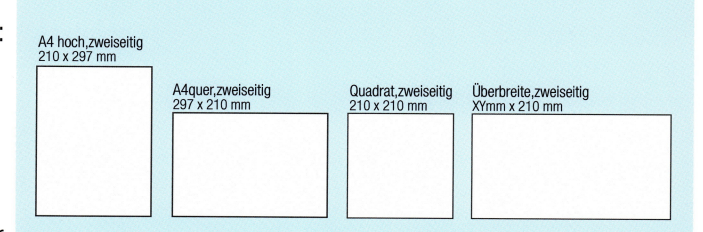

A4 hoch, zweiseitig
210 x 297 mm

A4 quer, zweiseitig
297 x 210 mm

Quadrat, zweiseitig
210 x 210 mm

Überbreite, zweiseitig
XY mm x 210 mm

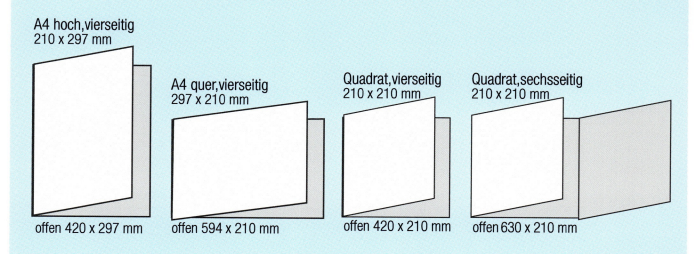

A4 hoch, vierseitig
210 x 297 mm

A4 quer, vierseitig
297 x 210 mm

Quadrat, vierseitig
210 x 210 mm

Quadrat, sechsseitig
210 x 210 mm

offen 420 x 297 mm

offen 594 x 210 mm

offen 420 x 210 mm

offen 630 x 210 mm

Kleine Formate

12.2

A6/5 und Leporello

Formate für die Westentasche.
Schlanke Mischgrösse zwischen
A6 und A5 = 105 mm x 210 mm.

Mehrteilige A6/5 sind Leporellos,
so genannt nach Don Giovannis
Diener Leporello (W.A. Mozart).
Seine Geliebtenregister-Arie
ist ebenso endlos lang.

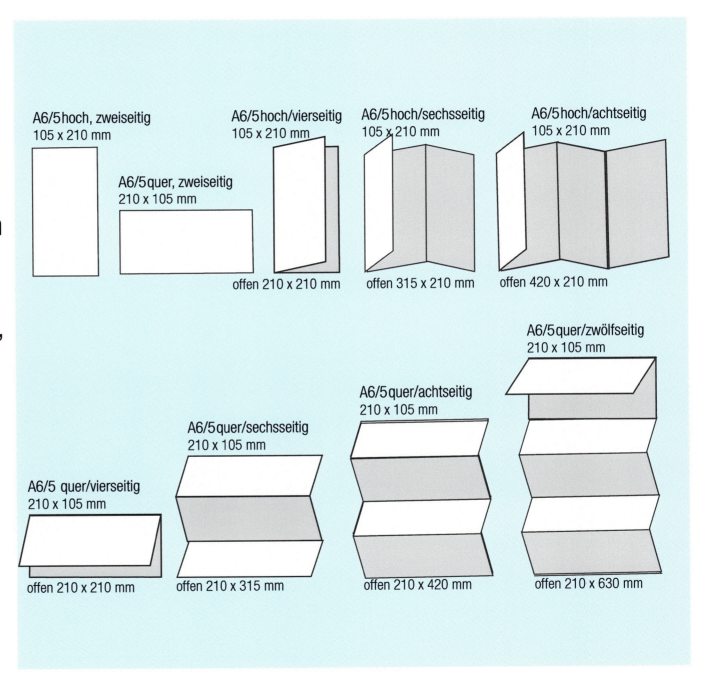

A6/5hoch, zweiseitig
105 x 210 mm

A6/5quer, zweiseitig
210 x 105 mm

A6/5hoch/vierseitig
105 x 210 mm
offen 210 x 210 mm

A6/5hoch/sechsseitig
105 x 210 mm
offen 315 x 210 mm

A6/5hoch/achtseitig
105 x 210 mm
offen 420 x 210 mm

A6/5 quer/vierseitig
210 x 105 mm
offen 210 x 210 mm

A6/5quer/sechsseitig
210 x 105 mm
offen 210 x 315 mm

A6/5quer/achtseitig
210 x 105 mm
offen 210 x 420 mm

A6/5quer/zwölfseitig
210 x 105 mm
offen 210 x 630 mm

Grosse Formate

12.3

Grosse, eigenwillige Formate
für repräsentative Drucksachen
aus gewichtigem Papier.

DIN-Formate, ausgehend von A0

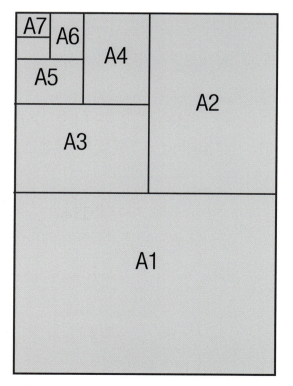

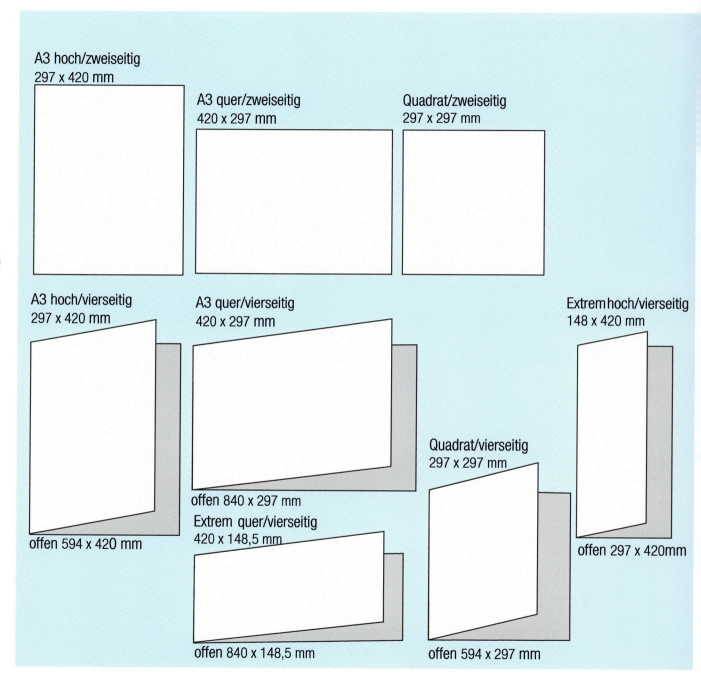

A3 hoch/zweiseitig
297 x 420 mm

A3 quer/zweiseitig
420 x 297 mm

Quadrat/zweiseitig
297 x 297 mm

A3 hoch/vierseitig
297 x 420 mm

A3 quer/vierseitig
420 x 297 mm

Extrem hoch/vierseitig
148 x 420 mm

offen 840 x 297 mm

offen 594 x 420 mm

Quadrat/vierseitig
297 x 297 mm

Extrem quer/vierseitig
420 x 148,5 mm

offen 297 x 420mm

offen 840 x 148,5 mm

offen 594 x 297 mm

Typo-Deutsch von A bis H

Absatz

Textabschnitt. Beginnt bündig mit übrigem Text oder mit Einzug. Endet mit dem freiem Auslaufen der letzten Zeile.

Anschläge

Alle Buchstaben, Wortabstände, Interpunktionen einer Zeile, einer Spalte oder eines Textes zusammengezählt.

Antiqua

Schriftart mit dicken Vertikalen und dünnen Horizontalen. Typisch sind ihre Serifen.

Blindzeile

Vergrösserter Durchschuss, eine ganze Zeile ist leer. Variante: Halbe Blindzeile.

Blocksatz

Satz ist links und rechts vertikal bündig.

Breite Schriftversion

Wenn die Buchstaben breiter als hoch sind. Sind sie höher, heisst die Schrift schmal.

Bündig

Zeilen beginnen oder enden in einer Linie untereinander. Gegenteil: Flattersatz.

Cicero

Sprich Zizero. Typografische Masseinheit. 1 Cicero entspricht 4,5 mm und ist unterteilt in 12 Punkt (nicht Punkte).

Durchschuss

Zusätzlicher vertikaler Abstand zwischen den Zeilen. Dieser kann mehr oder weniger betragen.

Einmitten

Ungleich lange Zeilen laufen von der Mittelachse aus gleichweit nach links und rechts.

Einzug

Die erste Zeile eines neuen Absatzes beginnt etwas nach rechts versetzt. Dies fördert Orientierung des Leserauges und dadurch die Lesbarkeit eines Textes.

Flattersatz

Gegenteil von Blocksatz. Nicht bündiger Satz, normalerweise rechts flatternd.

Fusslinie

Unterkante der Buchstaben, die Unterlängen überragen. Die Fusslinie dient der genauen Definition bei der Vermassung.

Fusszeile

Unterste Zeile einer Spalte.

Gemein

Gross- und Kleinschreibung. Ausschliessliche Grossschreibung heisst versal.

Grotesk

Serifenlose Schriftart. Strichdicke gleich.

Grad

Schriftgrösse, wird in Punkt gemessen.

Head

Englisches Wort für Titel. Subhead heisst Untertitel, Copy heisst Text.

Typo-Deutsch von I bis S

Initial

Anfangsbuchstabe eines Textes. Kann etwas dominanter sein als der Laufsatz. Initialien fördern die Lesbarkeit des Textes.

Kapitalis

Die in Stein gehauene Schrift im römischen Kulturraum hat nur Grossbuchstaben. Sie ist eine der Grundlagen für die Antiqua.

Kapitälchen

Diese Antiqua besteht ausschliesslich aus Grossbuchstaben. Die Anfangsbuchstaben der gross zu schreibenden Worte sind etwa um einen Drittel grösser.

Kompress

Der normale Zeilenabstand ohne zusätzlichen Durchschuss.

Konturiert

Nur die mehr oder weniger fette Umrisslinie der Buchstaben ist sichtbar.

Kursiv

Nach rechts schräg gestellte Buchstaben. Viele Schriften haben eine kursive Version.

Laufsatz

Der Grundtext, im Gegensatz zu den Auszeichnungen: Titel, Untertitel, Legenden.

Layout

Die Aufteilung der innerhalb des Satzspiegels zur Verfügung stehenden Fläche in Bilder, Titel, Lauftext, Bildlegenden.

Leicht

Schriftversion mit dünnen Linien, gibt es in Antiqua, Grotesk, Exotenschriften.

Logo

Kürzeste verbale Bezeichnung eines Unternehmens oder einer Organisation in unverwechselbarer Gestaltung.

Majuskel

Grossbuchstaben («major» = grösser).

Minuskeln

Kleinbuchstaben («minor» = kleiner).

Negativsatz

Schrift ist heller als der Untergrund.

Pagina

Fortlaufende Nummerierung der Seiten einer Druckschrift. Meistens unten, ausser

Randabfallend

Wenn eine Abbildung über den Satzspiegel hinaus bis zum Papierrand läuft, ist sie randabfallend. Man fügt der Abbildun «Beschnitt» hinzu, der wird abgeschnitter Beim Satz macht «Beschnitt» keinen Sinr

Satz

Wird ein Text (= Geistiges) in einer der unzähligen Druckschriften (=Materielles gesetzt, so entsteht Satz.

Satzspiegel

Die Grenze, innerhalb welcher der Satz platziert werden kann. Der Satzspiegel is

Typo-Deutsch von S bis T

in Spalten unterteilt. Den Satzspiegel überschreiten nur Bilder oder Marginalien.

Schmal

Viele Satzschriften haben eine schmale Version, auch Schnitt genannt. Es gibt schmalmagere, schmale und schmalfette Schnitte. Gegenteil: Breite Schriften.

Serifen

Antiqua und antiquaähnliche Schriften erkennt man den «Füsschen» = Serifen. Sie stammen vom Breitmeissel der römischen Steinhauer und von der Breitfeder der schreibenden Mönche.

Signet

Signet heisst Zeichen. Es stammt aus der Zeit vor der Schrift. Als Kerbschnitt, Wasserzeichen oder Stempel «signierte» man damit Produkte oder Eigentum.

Spalte

Schriftrechtecke innerhalb des Satzspiegels.

Spaltenlinie

Vertikale Trennlinie von 0,5 bis 1,0 Pt Stärke zwischen zwei Spalten. Das gibt, vor allem bei Flattersatz, mehr Struktur.

Spationiert

Zusätzlicher horizontaler Abstand von Buchstabe zu Buchstabe.

Trennungen

Trennungen vermeidet man durch Spalten mit 50 bis 60 Anschlägen. Hat die Spalte nur 30 bis 40 Anschläge, Flattersatz rechts anwenden. Sind Trennungen unvermeidbar, Worte so trennen, wie sie zusammengesetzt sind.

Typografie

Die Umwandlung eines geschriebenen Textes (= Manuskript) in gedruckte Form. Auswahl und Kombination der verschiedenen Schriften. Anordnung in der zur Verfügung stehenden Fläche.